utb 4635

Eine Arbeitsgemeinschaft der Verlage

Brill | Schöningh – Fink · Paderborn
Brill | Vandenhoeck & Ruprecht · Göttingen – Böhlau · Wien · Köln
Verlag Barbara Budrich · Opladen · Toronto
facultas · Wien
Haupt Verlag · Bern
Verlag Julius Klinkhardt · Bad Heilbrunn
Mohr Siebeck · Tübingen
Narr Francke Attempto Verlag – expert verlag · Tübingen
Psychiatrie Verlag · Köln
Ernst Reinhardt Verlag · München
transcript Verlag · Bielefeld
Verlag Eugen Ulmer · Stuttgart
UVK Verlag · München
Waxmann · Münster · New York
wbv Publikation · Bielefeld
Wochenschau Verlag · Frankfurt am Main

Ole Hruschka

Theater machen

Eine Einführung in die theaterpädagogische Praxis

2., durchgesehene Auflage

BRILL | FINK

Umschlagabbildung: *Shakespeare:08 im Stammelbachspeicher,* Ortsbegehung im Projektsemester 2008, Stiftung Universität Hildesheim
Foto: Andreas Hartmann

Autor und Verlag danken Joachim Zerbst für die Grafiken sowie allen Fotografinnen und Fotografen für Proben- und Aufführungsfotos, die wir mit freundlicher Genehmigung hier abdrucken.

Online-Angebote oder elektronische Ausgaben sind erhältlich unter **www.utb.de**

Bibliografische Information der Deutschen Nationalbibliothek

Die Deutsche Nationalbibliothek verzeichnet diese Publikation in der Deutschen Nationalbibliografie; detaillierte bibliografische Daten sind im Internet über http://dnb.d-nb.de abrufbar.

2., durchgesehene Auflage 2023

Printed in Germany.
Herstellung: Brill Deutschland GmbH, Paderborn
Einbandgestaltung: siegel konzeption | gestaltung

UTB-Band-Nr: 4635
ISBN 978-3-8252-5964-8
e-ISBN 978-3-8385-5964-3

Inhalt

Verzeichnis der Leitfragen

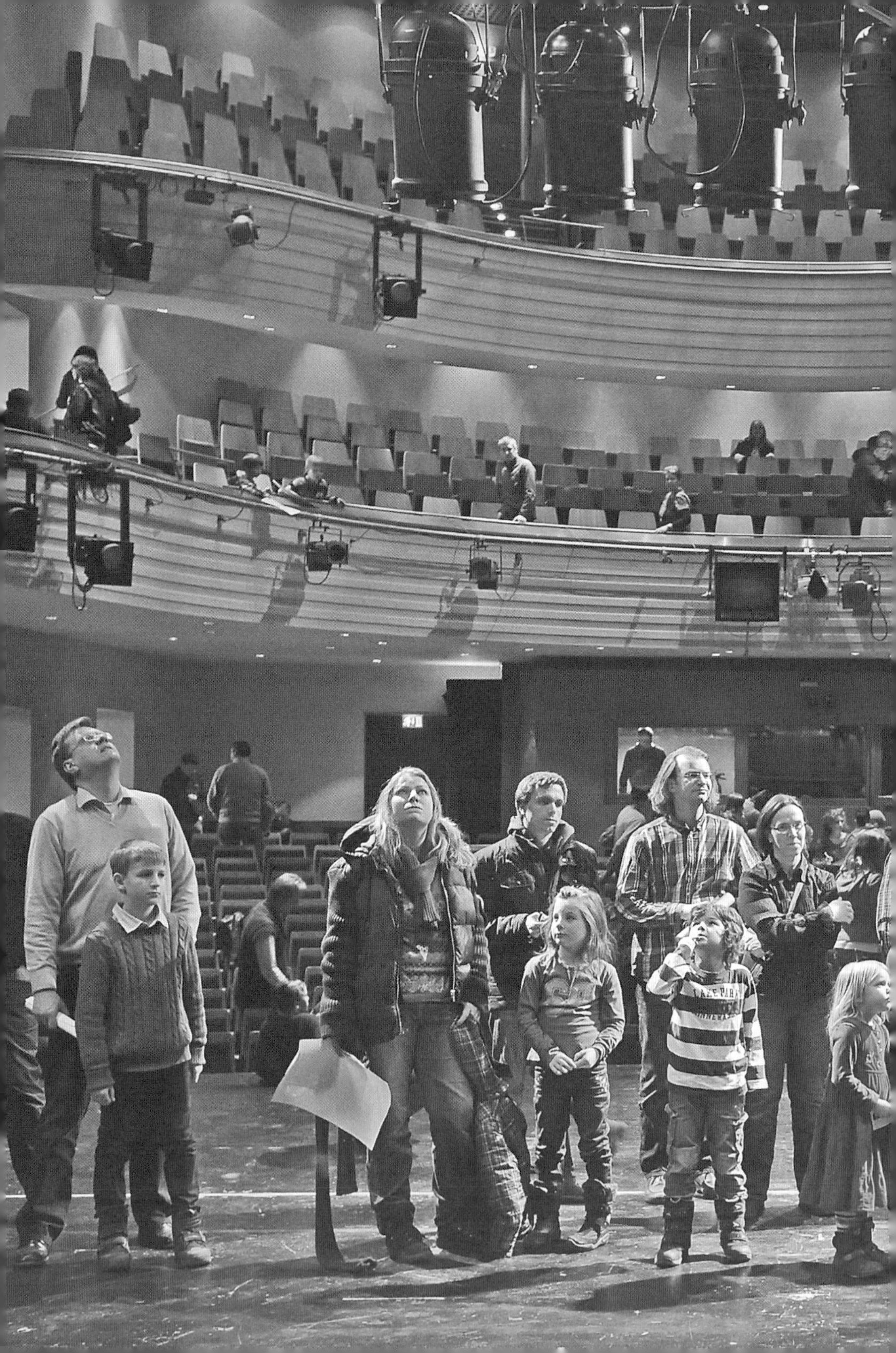

EINFÜHRUNG

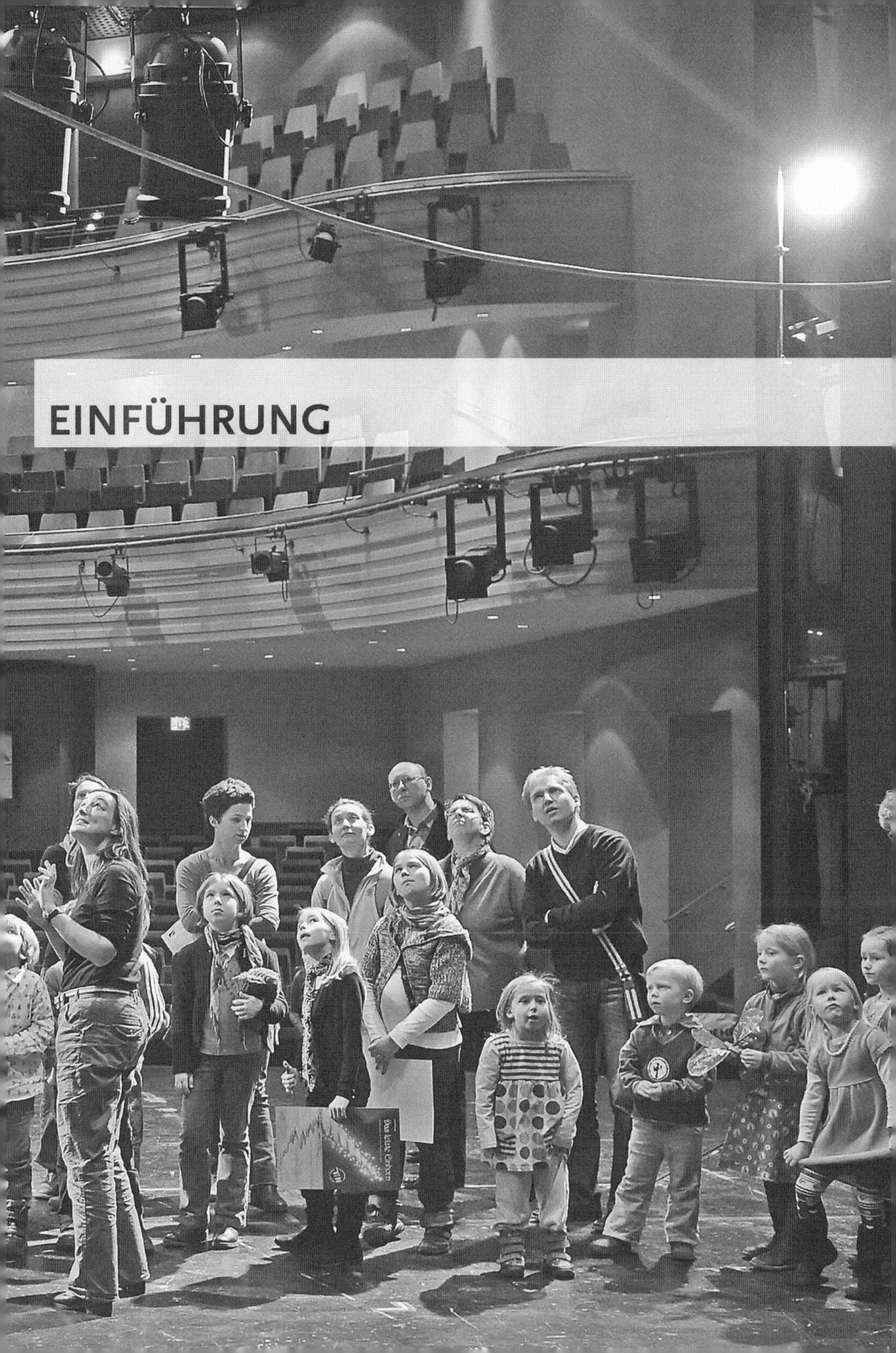

Abb. 1: Wie wird Theater gemacht? Publikumsführung mit Chefdramaturgin Astrid Reibstein auf der großen Bühne, Theater für Niedersachsen in Hildesheim, Foto: Andreas Hartmann

1 Einführung

Man kann diese beiden Künste, die Liebe und das Theater, natürlich auch mittels zahlreicher Veröffentlichungen theoretisch studieren; wirklich erleben und erleiden kann man sie aber nur durch praktische Ausübung.

George Tabori, Betrachtungen über das Feigenblatt (1993), Seite 9

Ein Buch mit dem Titel *Theater machen* ist, wenn man George Tabori ernst nimmt, eigentlich verlorene Liebesmüh'. Was sich in einer Aufführung oder zuvor auf der Probe ereignet, ist oft berauschend, abgründig und erschreckend (wie die Liebe) – und es ist sinnlich-konkreter als jedes Reden darüber. Wenn es aber tatsächlich stimmt, dass man sich Theater als Ort der Präsenz, der Fantasie und der Lebenslust nur „durch praktische Ausübung" erschließen kann, warum dann dieses Buch? Ganz einfach: Wie sich das Nachdenken über die Liebe zur Liebe selbst verhält, sollte sich ein Buch über das Theatermachen zu seinem Gegenstand stellen, um sich darüber zu verständigen und das Erlebte in Worte zu fassen. Künstlerische Erfahrung (Praxis) und der Wille zur Reflexion (Theorie) gehören zusammen – etwa wenn bei der Probenarbeit gemeinsame Ziele formuliert, Verabredungen und Absprachen getroffen werden. Der schöpferische Akt selbst lässt sich vielleicht nur begrenzt ergründen und versprachlichen, wohl aber die Umstände und Überlegungen, die zu ihm geführt haben.

Wechselspiel von Theorie und Praxis

Dieses Studienbuch wendet sich insbesondere an Studierende der Theaterpädagogik und an angehende Theaterlehrerinnen, die sich mit theoretischen und praktischen Grundlagen von Theaterarbeit vertraut machen möchten.[1] Es ist als Einladung gedacht, sich ebenso mit bewährten wie mit neuen Formen von Theater auseinanderzusetzen. Denn unverkennbar ist, dass traditionelle Vorstellungen von Theater – die auf der Inszenierung dramatischer Texte, der Verkörperung von Rollen und auf der räumlichen Trennung von Publikum und Akteuren basieren – zwar weiter fortbestehen; zugleich aber vollzieht sich im Theater seit Beginn des 20. Jahrhunderts ein tiefgreifender Umbruch. Wer heutzutage Theateraufführungen besucht, wird mit einem breiten Spektrum ganz unterschiedlicher Formate konfrontiert: Theater verlässt zu-

[1] Da selbstverständlich immer alle Personen gemeint sind sowie zur besseren Lesbarkeit, wechselt die Anrede in diesem Studienbuch zwischen weiblicher und männlicher Form.

nehmend den traditionellen Raum der Guckkastenbühne und erobert neue Aufführungsorte. Im Kontext einer veränderten Kultur- und Medienlandschaft löst es sich von den Vorgaben tradierter dramatischer Werke, öffnet sich für das interdisziplinäre Zusammenspiel mit anderen Künsten und Medien. Theater als Experimentierfeld sucht die Verbindung von Kunst und Leben, bewegt sich zwischen dem Rollenspiel des Als-ob und der Performance, zwischen genau kalkulierten Sprech- oder Bewegungschoreografien und der Improvisation, zwischen Erzähltheater und Tanz. Durch den veränderten Umgang mit Texten und Themen, Dramaturgien und Spielweisen ändert sich auch das Verhältnis zwischen Probe und Aufführung, zwischen Darstellern und Publikum. Und mit den Formen des künstlerischen Produzierens wandelt und erweitert sich insgesamt das Verständnis von Theater und seiner Vermittlung.

Theater als Experimentierfeld

Wer sich mit aktuellen Trends im Bereich der Theaterpädagogik auseinandersetzt, begegnet einer Reihe von Projekten mit so genannten nicht-professionellen Akteuren, die auf den Bühnen der Stadt- und Staatstheater und der Freien Theater[2] auftreten: Theaterkunst wird zunehmend auch mit Menschen produziert, die noch wenig oder keine Vorerfahrungen haben – angefangen bei den ‚allerkleinsten' Kindern bis hin zu älteren Menschen, von Arbeitslosen bis Managerinnen, vom Unternehmenstheater bis zum neuen Volks- und Bürgertheater, einschließlich dem (Post-) Migrationstheater.

Wer sich heute also für Möglichkeiten des Theatermachens interessiert und nach einfachen Lösungen sucht, wird enttäuscht. Weder gibt es die eine verbindliche Regelpoetik für die Praxis noch einen normativen Begriff von Theater in der Theorie. Vielmehr ist es ein charakteristisches Merkmal des Gegenwartsheaters, dass es die eigenen Parameter immer wieder in Frage und auf die Probe stellt. Angesichts einer sich rasant verändernden Gesellschaft (Stichworte: Globalisierung, Migration, Digitalisierung) ist auch die Theaterkunst fortwährend im Wandel. Deshalb vermittelt dieses Buch nicht so sehr den *einen* programmatischen Standpunkt, sondern Merk- und Orientierungspunkte auf einer Landkarte, die dabei helfen sollen, eigene Routen und Zugänge zu den unterschiedlichen Kontinenten von Theaterarbeit zu finden. Dabei besteht eine zentrale Herausforderung darin, die mit den eben genannten Veränderungen verbundenen Spannungen und Unsicherheiten auszuhalten und als konstitutiven Teil von Theater-

Wandel der Theaterkunst

[2] Anmerkung zum Freien Theater vgl. Seite 33

praxis produktiv zu machen. Viele strukturelle Probleme und Fragen wiederholen sich: Welches Theater wollen wir machen – und warum? Was soll es bei Spielern und Publikum bewirken? Wo könnte es stattfinden? Welcher Stoff, welches Sujet oder Thema wäre eine lohnende und geeignete Herausforderung? Wie erarbeiten wir Material, wie adaptieren wir ein Stück? Welche Aufgaben fallen in den unterschiedlichen Phasen der Proben an? Welche Funktion übernimmt die Spielleitung? Wie kann sie den Prozess unterstützend begleiten, ohne zu viel vorzugeben und die Spielfreude zu hemmen?

Zum Inhalt dieses Studienbuches

Ein Theaterprojekt zu konzipieren und gemeinsam eine Aufführung oder eine Präsentation zu erarbeiten, ist ein kreativer Prozess und zugleich eine organisatorische Aufgabe. Das folgende Kapitel beginnt mit Überlegungen darüber, was ein gelungenes Theaterprojekt ausmacht und welche Einflussfaktoren bei der Suche nach einem geeigneten Thema wirksam sind (Kapitel 2: Rahmen erfinden). Anschließend wird die Funktion der Spielleitung reflektiert und ihr Einfluss auf die künstlerische, pädagogische und organisatorische Durchführung des Projekts beleuchtet (Kapitel 3: Gruppen anleiten). Ein wichtiger Ausgangspunkt ist auch die Frage nach dem Ort des Theaters, denn die Diskussion von Spielorten und Raumkonzepten ist für die Probenarbeit bzw. für das in ihr zum Ausdruck kommende Verständnis von Theater grundlegend (Kapitel 4: Räume erobern). Die Kunst des Theaterspielens beginnt schließlich damit, sich eine Darstellungsaufgabe zu stellen, Gesten und Sprechweisen, Situationen und Vorgänge auszuprobieren, sie zu beschreiben und zu wiederholen, sie zu verbessern oder zu verwerfen – um Szenen schließlich zu verdichten und zu verknüpfen (Kapitel 5: Spielweisen erproben). Dabei geht es auch um verschiedene Verfahren, miteinander szenisches Material zu entdecken, insbesondere um Verfahren der Recherche und der methodisch angeleiteten Erarbeitung von Texten (Kapitel 6: Material entwickeln). Und nicht zuletzt stellt sich die Frage, wie man für die entwickelten Szenen eine Dramaturgie baut und eine Öffentlichkeit herstellt (Kapitel 7: Präsentieren und Aufführen).

Die Kapitel in diesem Buch nehmen Bezug auf einschlägige Texte aus dem aktuellen theaterwissenschaftlichen und -pädagogischen Fachdiskurs und haben auch insofern einführenden Charakter. Am Ende einzelner Abschnitte und Kapitel finden sich Leitfragen und Hinweise auf weiterführende Literatur zur Vertiefung einzelner Praxisfelder und Verfahren. Abbildungen und Beschreibungen exemplarischer, gut dokumentierter Projekte mit nichtprofessionellen Akteuren veranschaulichen die jeweiligen Themenschwerpunkte. Insgesamt bietet das Buch Einblicke in die Bereiche ,Theater im sozialen Feld', ,Biografisches Theater' oder das ,Theater der Erfahrung'. Dabei liegt ein Fokus auf Projekten mit Jugendlichen und jungen Erwachsenen, auch weil das Buch viele Anregungen und Impulse aus der universitären Theaterpraxis mit Studierenden aus der Lehrerbildung im Fach Darstellendes Spiel erhalten hat.

Praxisbezogene Theaterdidaktik

Dieses Buch will verschiedene Möglichkeiten ausloten, wie man Erfahrungen mit der Kunstform Theater machen kann und dazu ermutigen, innovative Formen zu erproben. Es will zeigen, was es bedeutet, Theaterarbeit konzeptionell zu denken, in dramaturgischer, pädagogischer und organisatorischer Hinsicht. Mit diesem Anspruch wendet es sich an all jene Projektemacher, die Kunstvermittlung als künstlerische Praxis begreifen und die mit einer Gruppe auf ein gemeinsames Produkt hinarbeiten möchten, um es vor Publikum zu veröffentlichen.

Eine projektorientierte Theaterpädagogik macht idealerweise die beteiligten Akteure selbst zu Verantwortlichen ihrer künstlerischen Arbeit. Die Mitwirkenden lernen szenische und kompositorische Verfahren zu durchschauen und zu benennen, um sie bewusst anzuwenden. Dies kann selbst (oder gerade!) dann gelingen, wenn ein gemeinsames Verständnis von Theater nicht im Vorhinein feststeht. Statt der Gruppe zeitlos gültige Theatergesetze zu vermitteln, werden die Möglichkeiten des Mediums in einem ergebnisoffenen Prozess gemeinsam erkundet. Die intentionale, zielgerichtete Gestaltung eines Resultats ist *ein* wichtiger Aspekt des Produzierens – mindestens ebenso wichtig aber ist die Aufmerksamkeit für das Unerwartete und die Umwege, die sich mitten im Tun überraschend ergeben.

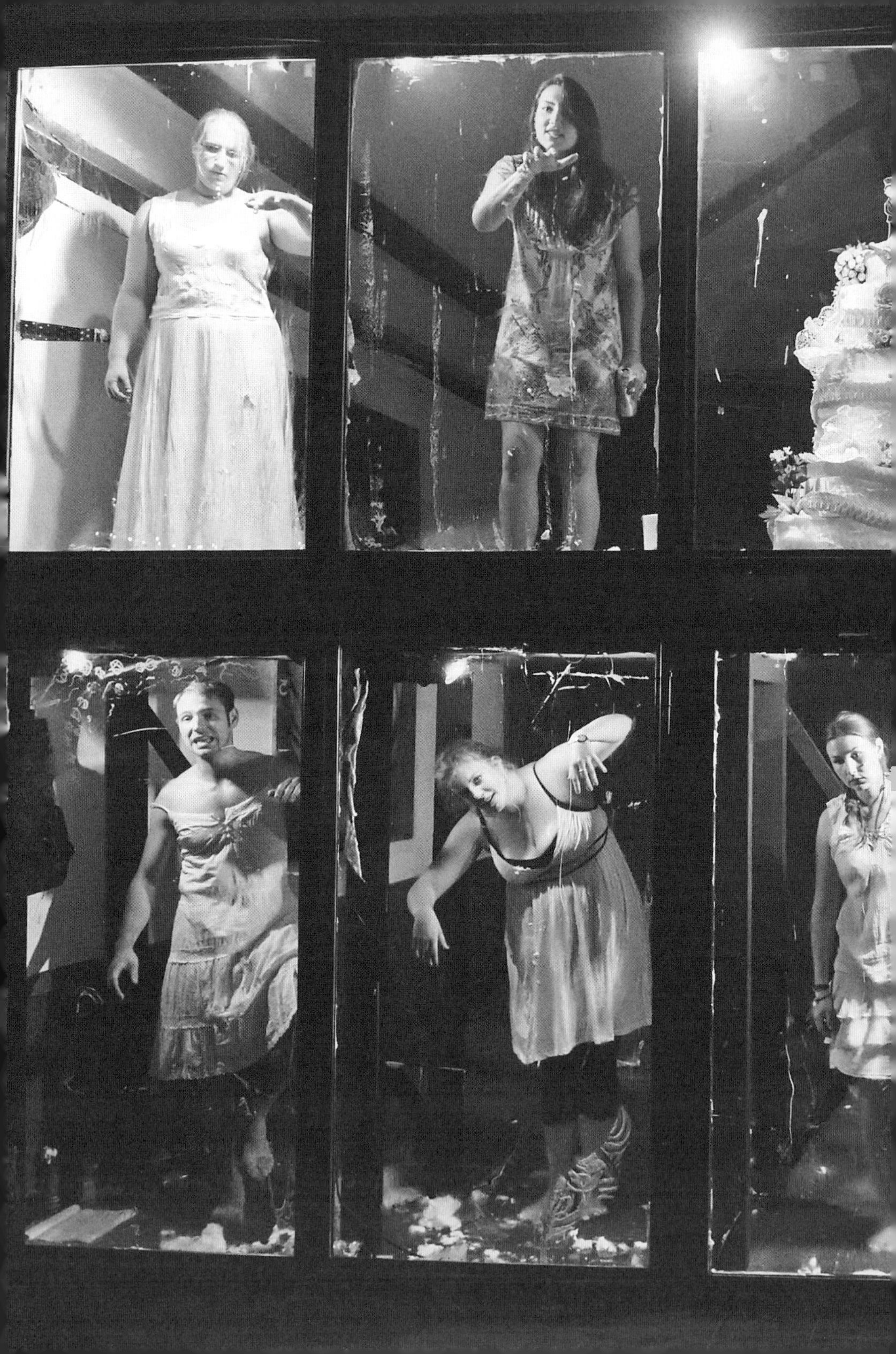

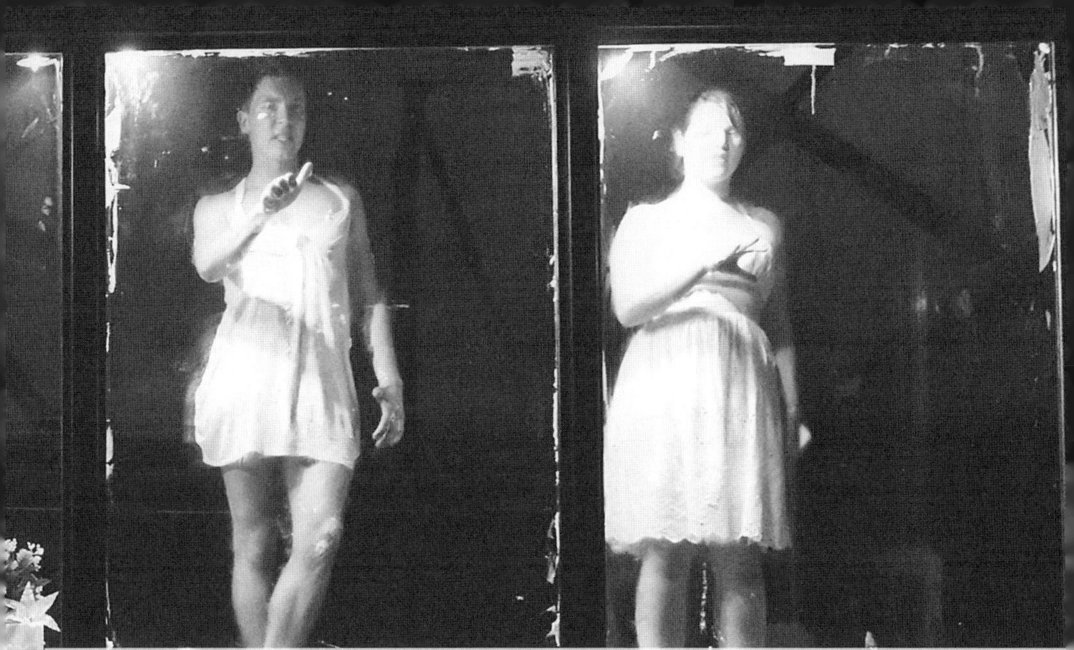

RAHMEN ERFINDEN

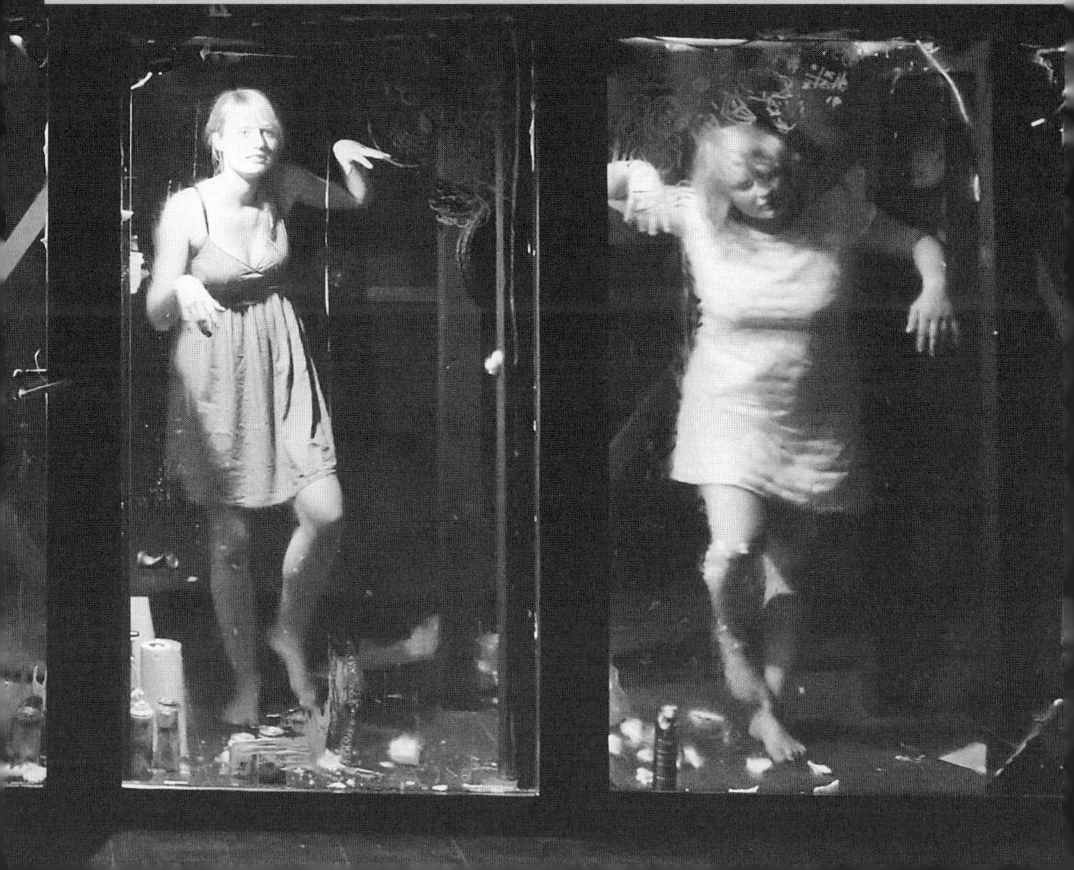

Abb 2: *Leonce und Lena*: Szenenfoto aus dem Theaterprojekt *Büchner hoch drei* im Studiengang Darstellendes Spiel, Leibniz Universität Hannnover 2010 (Leitung: Carmen Waack), Foto: Andreas Hartmann

2 Rahmen erfinden

In diesem Kapitel geht es um die positiven Wirkungsabsichten, um Hoffnungen und Ziele, die mit einem Theaterprojekt verknüpft sind. Im Mittelpunkt steht dabei zunächst die Frage, was Theater als soziale Kunstform für die Spielenden und für die Zuschauenden zu leisten vermag. Im zweiten Schritt werden verschiedene Einflussfaktoren näher beschrieben, die bei der organisatorischen und inhaltlichen Planung eines Theaterprojekts zu berücksichtigen sind – angefangen bei der Spielgruppe und der Spielleitung bis hin zu institutionellen Rahmenbedingungen.

2.1 Ziele setzen

Wenn eine Gruppe sich zu Beginn des Probenprozesses daran macht, einem inhaltlich bislang nur vage umrissenen Projekt eine erste Gestalt zu geben, sind viele Entscheidungen bereits getroffen und eine Reihe wichtiger Voraussetzungen geschaffen. In der Regel wurde zuvor – innerhalb einer bestimmten Institution oder in der Freien Szene – ein Zeitraum festgelegt, die Gruppe zusammengestellt und eine Projektleitung bestimmt. Um sich über Ziele, Wünsche und Interessen näher zu verständigen oder auch um diese zum Ausgangspunkt für eine gemeinsame Themenfindung zu machen, eignet sich nun das folgende Gedankenexperiment: Die Beteiligten stellen sich vor, sie könnten bereits zufrieden auf das Aufführungsergebnis zurückschauen. Welche Eindrücke, Anregungen und Gefühle werden die Zuschauerinnen aus der Aufführung mitgenommen haben? Was soll die Theaterarbeit bei den Beteiligten und der Projektleiterin bewirkt haben? Was wird besonders gelungen sein, und welche Hürden wird das Projekt dabei erfolgreich genommen haben?

Aktivierender Einstieg

Solche spekulativen Überlegungen am Anfang eines Projekts können in der Diskussion innerhalb einer Projektgruppe hilfreich sein, denn sie fordern indirekt dazu heraus, die Erwartungen an das gemeinsame Vorhaben und seine Realisierbarkeit zu klären. Diese Reflexionsmethode führt von ersten Ideen zu konzeptionellen Überlegungen und zu einer Reihe von Fragen, die bereits in der ersten Phase eines Theaterprojekts beantwortet werden sollten: Wie groß ist das Projekt gedacht und welche Bedürfnisse, Interessen und Qualitätskriterien soll es erfüllen? Welche Wirkungen soll es beim Publikum erzielen? Welche personellen und ideellen Ressourcen, welche Materialien und Voraussetzungen werden dazu benötigt?

Auf die Frage hinter diesem Gedankenspiel, was ein gelungenes Theaterprojekt eigentlich auszeichnet, gibt es eine einfache Antwort: Theater darf alles sein, nur nicht langweilig. Das gilt für den Prozess der Erarbeitung ebenso wie für die öffentliche Darbietung. Als erfolgreich oder gelungen kann eine szenische Präsentation beispielsweise dann gelten, wenn es die Beteiligten – die Akteure ebenso wie das Publikum – gut unterhalten und zum Lachen gebracht hat, wenn es irritiert und berührt und wenn es dazu herausfordert, einen veränderten oder differenzierteren Blick auf die Wirklichkeit zu werfen.

Bloß keine Langeweile!

Die Bühne eröffnet dafür einen Schutzraum, in dem Eigenes und Fremdes aufeinandertreffen, Möglichkeiten und Grenzen ausgetestet, verschiedene Perspektiven auf ein Thema formuliert und neue Ideen ausprobiert werden können, bevor man das gemeinsam Erdachte und Erprobte ‚live' aufführt. Theater ist ein Medium der Gegenwart, ein Ort der gesteigerten Wahrnehmung, der Lebensintensität. Theater bedeutet häufig sogar körperliche Verausgabung. Auch die Bereitschaft, sich intensiv und reflektierend mit der eigenen Persönlichkeit zu befassen, ist für Theaterschaffende eine wichtige Voraussetzung (vgl. Kapitel 5).

Theater als Medium der Gegenwart

Das Gelingen eines Theaterprojekts bemisst sich für die Projektbeteiligten nicht nur am äußeren Erfolg bzw. an der Lautstärke und Dauer des Applauses, mit dem die Zuschauer ihre Wertschätzung zum Ausdruck bringen. Auf subtilere Weise hängt die Zufriedenheit der Mitwirkenden – und damit der eigentliche Wert und die nachhaltige Wirkung eines Projekts – auch davon ab, ob alle ihre Fähigkeiten und speziellen Begabungen in den Produktionsprozess einbringen konnten. Wenn dies der Fall ist, stellt sich im Anschluss an eine Aufführung untereinander häufig ein besonderes Verbundenheitsgefühl ein. Alle haben an ihrem Ort und in ihrer Funktion zum Ergebnis beigetragen; die manchmal mühseligen Diskussionen um die richtige Lösung eines Inszenierungsproblems haben sich gelohnt, alle organisatorischen und technischen Mühen ergeben plötzlich wieder Sinn, weil sie sich in der Gemeinschaftsleistung spiegeln (vgl. Gromes 2000).

Wagnisse eingehen

Auch auf das Publikum üben Theatervorgänge gerade dann eine besondere Faszination aus, wenn der Arbeitsprozess einer Gruppe spürbar wird – wenn die Akteure gemeinsam ein besonderes Wagnis eingehen, indem sie Existentielles, Grundlegendes von sich preisgeben oder in ihre Darbietung auch überraschende, widersprüchliche und ungeplante Vorgänge einbauen. Ein solches

Kommunikationsangebot zielt auf einen Zuschauer, der mitdenkt, der wach ist, der sich zu dem Dargebotenen in Beziehung setzt. Der vielleicht auffälligste Indikator für ästhetischen Mehrwert und ein besonders beglückendes Zuschauererlebnis ist das Lachen: „Es ist, als ob uns das Leben zuzwinkerte" (Frank 2015, 72).

Dieser Hinweis lässt sich auch auf Probensituationen beziehen. Proben zeichnen sich im gelungenen Fall ebenfalls durch plötzliche Einfälle aus, die sich sprunghaft aus Übermut und Chaos ergeben können, aber auch im Gespräch oder durch den gewitzten Umgang mit gut durchdachten Aufgabenstellungen (vgl. Kapitel 3.3). Dieses kostbare Glücksgefühl, das durch wechselseitige Wertschätzung und gemeinsame Aktivitäten ausgelöst werden kann, stellt für viele Projektemacher sicher eine wichtige Motivation dar. Der Soziologe Hartmut Rosa hat dieses Glück als „Resonanzgeschehen" bezeichnet und darauf hingewiesen, dass „spätmoderne Subjekte" in den Künsten „sinnliche, leibliche, kognitive und soziale Resonanzen" suchen. Gerade Theaterarbeit ist in diesem Sinne immer auch Beziehungsarbeit, die ein gesteigertes Bewusstsein für die Gruppe *und* die spezifischen Stärken des Einzelnen begünstigt. Die transformative Wirkung solch geglückter Weltbeziehungen kann genauso aber auch ausbleiben und bleibt letztlich unverfügbar (Rosa 2016, 496 ff.).

Das Theaterprojekt als „Resonanzraum"

Anders als beim literarischen Schreiben, dem Malen eines Bildes oder dem Schneiden eines Films ist das Theater eine künstlerische Praxis, die man nicht alleine betreiben kann. Ein Projektvorhaben steht und fällt letztlich damit, ob sich alle Mitwirkenden auf diesen gemeinsamen Gegenstand so einlassen, dass am Ende nicht nur die narzisstische Selbstbespiegelung einzelner Solisten, sondern die Haltung einer Gruppe sichtbar wird, die gemeinsam etwas erreichen will. Dann wird aus dem Möglichkeitsraum des Theaters tatsächlich ein „Resonanzraum", der in verdichteter Form das in sich aufnimmt, was die Gruppe zu ihrem Thema an Szenen, Bildern und Einsichten hervorbringt und was sie an körperlichem Einsatz und technischem Können zu bieten hat. Rückblickend lässt sich der Grad des Gelingens eines Projekts auch daran ablesen, ob die Beteiligten ihre individuellen Beweggründe, ihre Haltung zum Thema oder eigene, spezifische Qualitätskriterien formulieren können – und ob sie in der Theaterarbeit einen positiven Beitrag zur individuellen Veränderung oder Weiterentwicklung erkennen.

Individuelle Qualitätskriterien entwickeln

Mit „Resonanzerfahrungen" innerhalb des Theatermachens ist also kein harmonisches Miteinander im Dauerkonsens gemeint. Gerade die Unterschiedlichkeit der beteiligten Akteure, ihre verschiedenen Interessen, Einfälle und Erfahrungen gehen als besonderer Reichtum in die Projektarbeit ein. Resonanz ergibt sich nicht aus einem reibungslosen Miteinander wie von selbst, sondern aus der widerständigen und eigensinnigen Auseinandersetzung mit einem Konflikt, einem Problem, mit unterschiedlichen Perspektiven – und mit den besonderen Gestaltungsmöglichkeiten des Theaters (Kurzenberger 2009, 25 ff.).

Kollektive Kreativität

Gelungenes Theater ist zugleich mehr als die engagierte und mutige Beschäftigung mit einem Thema oder den dargestellten Figuren. Es geht auch darum, adäquate szenische Verfahren – Zeichen, Bilder und formale Übersetzungen – dafür zu finden und dabei der Komplexität unserer Alltagserfahrungen gerecht zu werden: Bei aller berechtigten Betonung des besonderen ‚Ereignischarakters' von Theater sollte daher nicht in Vergessenheit geraten, dass seine innovative Kraft sich nicht aus überbordender Kreativität einfach ‚von selbst' ergibt, sondern – sei es implizit oder explizit, gewollt oder ungewollt – im Verhältnis zu kulturellen Traditionen und Normen entsteht. Deshalb ist es wichtig, sich mit den verschiedenen Inszenierungsstilen und Theaterkonzepten der Vergangenheit und Gegenwart auseinanderzusetzen, um daraus Qualitätskriterien für das eigene künstlerische Tun und seine Wirkung zu gewinnen.

Zukunft braucht Herkunft

Theoretiker und Praktiker des Theaters – von Aristoteles über Lessing und Schiller bis Brecht – haben in verschiedenen Epochen die wichtige soziale und politische Dimension des Theaters als Ort der Versammlung und der Öffentlichkeit betont. So euphorisch wie kaum ein anderer hat Friedrich Schiller (1759–1805) die „Schaubühne" als besonders geeigneten Raum gepriesen, um „den Menschen mit dem Menschen bekannt" zu machen und so das Theater als Aufklärungsmedium der bürgerlichen Öffentlichkeit zu legitimieren und durchzusetzen versucht (Schiller 1992, 192).

Friedrich Schiller über das Theater als Labor der Leidenschaften – und als Medium der Aufklärung

So gewiß sichtbare Darstellung mächtiger wirkt, als toter Buchstabe und kalte Erzählung, so gewiß wirkt die Schaubühne tiefer und dauernder als Moral und Gesetze. [...] Die Schaubühne ist mehr als jede andere öffentliche Anstalt des Staats eine Schule der praktischen Weisheit, ein Wegweiser durch das bürgerliche Leben, ein unfehlbarer Schlüssel zu den geheimsten Zugängen der menschlichen Seele. [...] Aber nicht genug, daß uns die Bühne mit Schicksalen der Menschheit bekannt macht, sie lehrt uns auch gerechter gegen den Unglücklichen sein, und nachsichtsvoller über ihn richten. [...] Die Schaubühne ist die Stiftung, wo sich Vergnügen mit Unterricht, Ruhe mit Anstrengung, Kurzweil mit Bildung gattet [...].

Friedrich Schiller, Was kann eine gute stehende Schaubühne eigentlich wirken? Vortrag 1784 (1992), Seite 191–199

Schillers Utopie von der gemeinschaftsbildenden und gesellschaftsverändernden Kraft des Theaters ist bemerkenswert aktuell. In abgewandelter Form wirkt sie fort in den programmatischen Forderungen nach partizipativen Theaterformen, die möglichst vielen Menschen – „aus allen Kreisen und Zonen und Ständen“, wie Schiller fordert, Zugänge zum Theater eröffnen möchte. Ein wichtiges Ziel ist bis heute, dass alle Kinder und Jugendlichen in der Schule Theater-Erfahrungen als Zuschauer und Spielende machen können – unabhängig vom Alter, vom Geschlecht und ihrer sozialen Herkunft (vgl. Hruschka 2012).

Partizipation als Allheilmittel für gesellschaftliche Probleme?

Wenn hier von der Setzung eines ‚Rahmens‘ für ein Theaterprojekt die Rede ist, geht es also um die Frage, wie weit es in den gesellschaftlichen Raum reicht, aber auch, wen es ausschließt. Das ‚Politische‘ der Theaterpädagogik erschöpft sich nicht im Inhaltlichen, in der Auseinandersetzung mit aktuellen politischen Themen. Politisch ist Theater zum Beispiel auch dann, wenn die Zuschauerrolle oder der Theaterrahmen so fraglich werden, dass Zuschauer ihr Handeln, ihren Kunstbegriff oder ihre politischen Positionen und Haltungen überdenken müssen. Vor allem aber kann der Produktionsprozess selbst als politische Praxis begriffen werden: Wie sich eine Gruppe zusammensetzt oder zusammengesetzt wird, wie sie das gemeinsame Thema findet und entwickelt, wie sehr die Entscheidung für bestimmte ästhetische Lösungen von Einzelnen oder vom Kollektiv bestimmt ist – dieser

Theaterpädagogik als politische Bildung

Arbeitsprozess ist näher zu bedenken und womöglich in der Inszenierung selbst zu thematisieren, will man Theaterpädagogik im erweiterten Sinne auch als politische Bildung verstehen (vgl. Bundeszentrale für politische Bildung 2011).

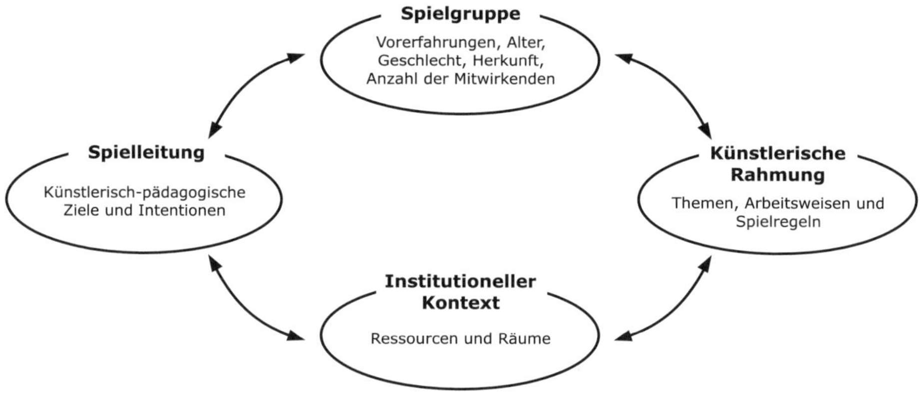

Abb. 3: Einflussfaktoren auf ein Theaterprojekt
(in Anlehnung an: Pinkert 2008, 253; Reinwand-Weiss 2015, 8)

2.2 Thema suchen

Die institutionellen Voraussetzungen theaterpädagogischer Praxis haben sich, was die Berufsprofile, Handlungsfelder und ästhetischen Zielsetzungen angeht, in den letzten Jahrzehnten zunehmend ausdifferenziert: Theatermacherinnen sehen sich heute herausgefordert, an den verschiedensten Orten Kunsterfahrungen zu stiften, neue Räume der Kommunikation und der Partizipation zu eröffnen – angefangen bei den Schulen, den Stadtteil- oder Kommunikationszentren, Vereinen und Sozialeinrichtungen über die Angebote der Freien Szene bis zu den Jugendclubs an Theatern oder den neu gegründeten Bürgerbühnen. Die unterschiedlichen Randbedingungen spiegeln sich in einer unüberschaubaren Vielfalt an Themen und Stoffen, Aufführungs- und Präsentationsformaten (vgl. Sachser; Streisand; Nix 2012). Dennoch lassen sich einige grundlegende Einflussfaktoren benennen, die bei der Wahl eines Themas von Bedeutung sind (vgl. Abb. 3).

Theaterpädagogische Berufsprofile, Handlungsfelder, Verfahren

Die Spielgruppe

Theaterpädagogische Praxis orientiert sich in erster Linie an den Spielern, die den Probenprozess und die Aufführung tragen. Sie steht und fällt mit den Interessen und der Neugier, mit den individuellen Stärken und besonderen Darstellungsqualitäten, die die Akteure mitbringen. Allerdings sollte es das Ziel sein, bei diesen Ausgangsbedingungen nicht stehenzubleiben, sondern neue Erfahrungen zu ermöglichen. Dafür muss man die Beteiligten zunächst ‚da abholen, wo sie stehen', so die gängige Redewendung. Damit ist gemeint, dass bei der Planung eines Projektvorhabens – neben der Anzahl der Mitwirkenden (Gruppengröße) und ihrer Zusammensetzung (u. a. Alter, Geschlecht, soziale Herkunft) – genau zu bedenken ist: Über wieviel Vorerfahrungen verfügen die Beteiligten? Existiert die Gruppe schon länger, sind Neuankömmlinge zu integrieren?

Wer kann sagen, ob Theater bildet? Und wer benötigt den Beweis?

Wenn man Studierende nach den positiven Effekten und dem Bildungspotential des Theaters fragt, erhält man durchweg optimistische Antworten: Angehende Theaterlehrerinnen aus dem niedersächsischen Kooperationsstudiengang Darstellendes Spiel betonen vor allem die Möglichkeit, spielerisch Identitäten auszuprobieren, d. h. sich im Spannungsfeld von Selbst und Rolle neu zu erfahren. Ergänzend formulieren sie folgende Wirkungszuschreibungen: Das Medium Theater eröffne Spielräume für Experimentelles – und zwar mit Blick auf kollektive und individuelle Erfahrungen (Gruppendynamik, Möglichkeit zur Selbstreflexion). Theaterspielen wirke bereichernd im Sinne einer Persönlichkeits- bzw. Identitätsbildung, schärfe das Selbst- und Körperbewusstsein – und sei infolgedessen sogar hilfreich bei der Selbstdarstellung und -vermarktung im Alltag (Vorstellungsgespräche). Die Studierenden in der Lehrerbildung halten es außerdem für wichtig und notwendig, mit Schülerinnen das Medium Theater als wichtigen Teil von Kultur zu entdecken. Im Sinne eines traditionellen Bildungsauftrags legen sie Wert darauf, ältere und andere Kunstformen kennenzulernen und weiterzugeben – allerdings unter der Prämisse, einen persönlichen Bezug herzustellen, tradierte Formen und Stoffe durch Aktualisierung unterhaltend aufzubereiten (vgl. Kapitel 6.5).

Fragen, was Theaterpraxis im Bereich der kulturellen Bildung zu leisten vermag, stoßen in Fachkreisen der Theaterpädagogik auch auf Widerstand. Das liegt daran, dass Praktiker und Akteure sich dadurch gezwungen sehen, ihr Tun auf eine Weise zu erklären oder zu legitimieren, die oft nur wenig mit ihrer eigentlichen Motivation zu tun hat: Zwar ist es auf der einen Seite gut nachvollziehbar, wenn

Förderer oder Vertreter der Bildungs- oder Kulturpolitik Näheres erfahren möchten über die Zufriedenheit der Mitwirkenden, die Anzahl der Zuschauer und über den mit einem Projekt verbundenen ,Kompetenzerwerb'. Dabei sollte jedoch nicht in Vergessenheit geraten: Bildung bedeutet Selbstbildung – und ist daher nur begrenzt verallgemeinerbar oder messbar. Die oben genannten, positiven Wirkungszuschreibungen ergeben sich nicht immer und nicht von selbst. In anderen Worten: „Kunst ist eine Tochter der Freiheit" (Schiller 2013, 4). Auch Theaterkunst bleibt daher „sperrig" gegen jedwede „Verzweckung" und „Vereinnahmung" – sie muss zuerst Zweckfreiheit, Autonomie und emanzipatorischen Geist beanspruchen dürfen, um überhaupt Wirkungen auf den Einzelnen und das soziale Miteinander entfalten zu können (Hentschel 2010, 9–14). Falsch wäre es zu glauben, es bedürfe bloß der passenden, zielgerichteten Methode, um kurzerhand zu den wie auch immer gearteten Kompetenzen zu gelangen. Ästhetisches Erfahren und Sich-Bilden sieht in der Praxis anders aus, verläuft nicht immer auf eindeutig geraden Wegen, ist ohne Widerstände und Krisen nicht zu haben. Außerdem: „Beim Theater-Spielen geht es – trotz aller sozialer Relevanz – nicht *primär* darum, dass mit seiner Hilfe etwas gelehrt wird, und es ist auch keine Methode, durch die für etwas gelernt wird. Vielmehr entstehen im ästhetischen *Ereignis* des Theater-Spiels, in dem Ästhetik, Theatralität, Leiblichkeit sowie Ethik, Sinn und Reflexion eng miteinander verbunden sind, neue Erfahrungen" (Vaßen 2014, 150). Theaterpädagogische Angebote können zu ästhetischer Erfahrung nur anregen, letztlich müssen sie von den Beteiligten selbst individuell angenommen und aktiv genutzt werden.

Weiterführende Literatur:
Pinkert, Ute (2009) Jenseits von Heilsversprechungen – Über die Wirkungen des Theaterspielens. In: infodienst. Das Magazin für Kulturelle Bildung. Nr. 92, S. 10–12.
Siehe online unter: http://tinyurl.com/Wirkung-Theater

Nicht zu unterschätzen ist, wie eng die Themenfindung mit dem Prozess der Ensemblebildung verzahnt ist. Es ist wichtig, ein gutes Gruppenklima und eine konzentrierte Arbeitsatmosphäre herzustellen und mit gezielten Übungen dazu beizutragen, dass die Gruppenmitglieder aufmerksam und flexibel miteinander umgehen (vgl. Kapitel 3.4).

Ebenso wichtig und motivierend ist aber auch die Ausrichtung der sich neu konstituierenden Probengemeinschaft auf ein Ziel, ein gemeinsames Interesse. Das Spektrum an entsprechenden Projektideen und thematischen Schwerpunkten ist extrem weit gefächert. Theaterarbeit kann in Eigenproduktionen drängende persönliche Themen Einzelner aufgreifen oder eine Fragestellung thematisieren, die das Kollektiv in seiner Gesamtheit betrifft – und dabei sogar die konkreten Voraussetzungen der jeweiligen Theaterarbeit selbst zum Thema machen.

Eigenproduktion

Starting point

Zu diesem Zweck sind Produktionsverfahren des biografischen Theaters geeignet, die in besonderem Maße die Lebensgeschichte der Darstellerinnen inhaltlich und konzeptionell ins Zentrum stellen (vgl. Köhler 2009). Theaterarbeit kann so auch die (interkulturelle) Differenz zwischen Menschen nutzen, das heißt, sie kann „über die Produktion von Bildern, Zeichen, Symbolen, Geschichten und Phantasien“ die Unterschiedlichkeit von Menschen „zeigen, thematisieren, betonen, zuspitzen, ohne gleich Wertungen zu treffen“ (Sting 2008, 107). Man kann aber auch „mit einem Zeitungsausschnitt“ beginnen, mit den „gesammelten E-mails vom letzten Auslandsaufenthalt oder dem Gefühl, das alle haben, bevor sie auf die Bühne steigen: der Unsicherheit“ (unart.net). Man kann sich von seinen Lieblingsfilmen oder -liedern inspirieren lassen – oder mit dem Wunsch anfangen, „an einem bestimmten Ort zu arbeiten oder sich auf einen besonderen Augenblick zu beziehen“ (Gob Squad 2010, 19).

Interkulturalität

Die Performance-Gruppe Gob Squad über den Ausgangspunkt ihrer Arbeit

Ziel ist, eine Idee zu finden, die so klar ist, dass man sie in einem Satz zusammenfassen kann.

Gob Squad, Über Prozess (2010), Seite 19

In jedem Fall zielt ambitionierte Theaterpraxis letzten Endes darauf ab, etwas mitzuteilen und zu sagen, das über die Äußerung von privaten Befindlichkeiten hinausgeht. Im Zentrum von Eigenproduktionen mit Jugendlichen stehen daher häufig drängende gesellschaftliche und vermeintlich private Probleme der Gegenwart, die es aktuell neu zu behandeln gilt (Geschlechterbeziehung, Sexualität, Eltern, Familie, Schule). In diesem Sinne fordert Thomas Lang mit Blick auf Jugendclubs an Theatern zum Beispiel Themen wie „Bildungsmisere, ökologische Fragen, Ausdrucksweisen von Lebensgefühl und multikulturelle Lebensweisen, Fragen von Mitbestimmung und Mitgestaltung von Demokratie und weitere mehr“ (Lang 2012, 161). Eigenproduktion heißt also nicht, dass man nur um die eigenen Probleme kreist oder einem modischen Thema folgt. Es geht vielmehr darum, Alltagserfahrungen aufzugreifen und diese auf widerständige, eigensinnige Weise theatral zu bearbeiten. Dabei kann allzu viel guter Wille und politisches Sendungsbewusstsein allerdings schnell kunstfremd wirken, wenn man das Publikum nämlich mit zu einfachen Lösungen belehrt und es so letztlich entmündigt.

Horizonterweiterung durch Theater

Der Auftritt in einem theaterpädagogischen Projekt zielt auf die Verdichtung einer Weltsicht, auf Grenzüberschreitung, persönliches Wachstum, öffentliche Wirkung – Kunst. Gesucht wird die wohldosierte, motivierende Herausforderung durch Darstellungsaufgaben und -ziele, die den Horizont der Spieler erweitern. Anregungen und wertvolle Impulse – auch für die Themensuche – erhält die Theaterpädagogik dem aktuellen Trend zum Dokumentarischen folgend und vom Theater mit Alltagsspezialisten im professionellen Theater. Autoren, Regisseure und Dramaturgen wagten sich in den letzten Jahren verstärkt in brisante Milieus, recherchierten zu aktuellen Themen in der Finanz- und der IT-Branche oder in Online-Foren, sie führten Gespräche mit Bankern, Zirkusmenschen, polnischen Pflegekräften und traumatisierten Soldaten (*Werkgruppe 2*).

Die Autorin Kathrin Röggla über das Verhältnis von Theater und Gesellschaft

Theater ist mir nicht reines Spiel, es ist nicht reines Ereignis, es ist kein kritikloses Dabeisein mit der Wirklichkeit, ich bin kein interesseloser Spaziergänger der Wirklichkeit [...]. Ich will Formen des Sprechens finden, die den Gewaltzusammenhang gesellschaftlicher Verhältnisse deutlicher hervortreten lassen und gleichzeitig unterlaufen.

Kathrin Röggla, Die falsche Frage. Theater, Politik und die Kunst, das Fürchten zu verlernen (2014), Seite 20

Besondere Anerkennung und großen Zuspruch fanden in den zurückliegenden Dekaden vor allem jene Produktionen auf professionellen Bühnen, die eine „*Begegnung* mit bestimmten realen Menschen“ und dadurch das „*Bekanntwerden* mit sonderbaren Aspekten des Alltagslebens“ ermöglichten (Lehmann 2010, 20). Die Liste der behandelten Themen ist so vielgestaltig, farbig und bunt wie diese Menschen, denen man im Theater begegnen konnte: Begräbnisunternehmern, Ölsuchern, Schwarzfahrerinnen, Parfümeuren oder bulgarischen LKW-Fahrern. Eine erfolgreiche Variante dieser Entwicklung bestand auch in der Strategie, zentrale Motive und die Handlungsstruktur von Klassikern mit den Biografien eigens ausgewählter Laien zu verknüpfen: Für „eine dokumentarische Inszenierung" von Schillers *Wallenstein* castete *Rimini Protokoll* in einem aufwändigen, mehrmonatigen Rechercheprozess eigens „Experten für Aufstieg und Fall im politischen Ränkespiel der Macht" (Rimini Protokoll 2012, 157); das Performance-Kollektiv *She She Pop* bat für ihre Auseinandersetzung mit Shakespeares *King Lear* die eigenen Väter auf die Bühne (*Testament. Verspätete Vorbereitungen zum Generationswechsel nach Lear*, 2010) – und an der Dresdner Bürgerbühne wurde „Goethes Faust mit Dresdner Männern in der Midlife-Crisis" inszeniert (*Ich armer Tor*, Regie: Miriam Tscholl, 2012).

Expertentheater

Diese wegweisenden Arbeiten hatten und haben erhebliche Auswirkungen auf das Selbstverständnis der Theaterpädagogik. Theatervermittlerinnen können ihre Arbeit nun nämlich nicht mehr so leicht in Abgrenzung zum professionellen Theater und nicht mehr wie gewohnt über die Zielgruppe, Laien bzw. nichtprofessionelle Akteure, definieren. Es haben sich vielmehr neue Korrespondenzen zwischen Theaterkunst und Theaterpädagogik ergeben, aber auch neue Fragen und Probleme: Der Begriff der ‚Zielgruppe' ist geradezu in Verruf geraten, weil er – auch mit Blick auf so genannte Partizipationsprojekte in sozialen Feldern (zum Beispiel mit ‚Geflüchteten') – die Frage aufwirft, wer wen zu welchem Zweck als Gruppe definiert und dadurch womöglich stigmatisiert. Neu sensibilisiert wurde so auch für die der Theaterarbeit zugrundeliegenden Machtverhältnisse zwischen Spielleitung und Gruppe (vgl. Kapitel 4).

Machtverhältnisse

Lange und intensiv wurde in Fachkreisen auch die Frage diskutiert, ob nun die Eigenproduktion oder die literarische Textadaption bei der theaterpädagogischen Arbeit im Vordergrund stehen sollte (vgl. Mieruch 2007). Doch diese Frage ist nebensächlich, wenn man anerkennt, wodurch sich Theaterpädagogik grundsätzlich auszeichnen sollte: Entscheidend ist, inwiefern es gelingt, die Akteure in einen offenen Spiel- und Theaterprozess zu verwickeln, in den diese sowohl Eigenes einbringen als auch Fremdheits- und Differenzerfahrungen machen können (vgl. Kapitel 3). Das ungefilterte Abbilden von Alltags- und Medienerfahrungen wird diesem Anspruch ebenso wenig gerecht wie ein historisierendes Nachspielen großer ‚Klassiker', das die aktuelle Situation der Spielenden einfach übergeht. Theaterarbeit mit ‚Laien', mit

Alteritätserfahrungen

nichtprofessionellen Akteuren, ist vielmehr immer biografisch, weil sie im Körper und in der Lebenswirklichkeit der Mitwirkenden ihren Ausgang nimmt.

Parzellenglück. Wir in der Kochstraße – Eine theatrale Rauminszenierung

Wie fängt man an? Diese Frage stellt sich verschärft, wenn ein Theaterprojekt stattfinden soll – aber kein Raum, kein Text und vor allem noch keine Spielerinnen und Spieler da sind, die sich dankbar oder beglückt zeigen über die Möglichkeit, Theater zu spielen. Eine derart „vorpädagogische" wie „vorkünstlerische" Ausgangsbedingung bedeutet für die Theaterschaffenden, dass sie eine Vermittlungssituation überhaupt erst erschaffen müssen (Müller 1994, 69). Aus dem Erfahrungsbericht zu dem hannoveranischen Stadtteilprojekt *Parzellenglück – Wir in der Kochstraße* (Leitung: Hans-Michael Krüger), das eine Theater- und eine Filmproduktion umfasste, geht hervor, wie dies gelingen kann und ein Theaterstück ‚aus dem Nichts' entsteht:

- Der Spielort: Die Kochstraße ist eine Straße, die „die politische Vergangenheit und Gegenwart sowie das Zusammenleben verschiedener Kulturen, sozialer Schichten und Generationen" im Stadtteil in sich vereinte (Willberg 2014, 40). Im Rahmen einer Spielortanalyse wurde sich inhaltlich und formal mit dem Raum ‚Kochstraße' beschäftigt. Über Literaturrecherche und Interviews kristallisierten sich die Themen und Inszenierungsideen heraus.
- Die Spielerinnen und Spieler: Gestartet wurde mit einer Auftaktveranstaltung in einem Ladenlokal. Gleichzeitig wurde ein Bauwagen als „Projektanlaufstelle" aufgestellt, um den persönlichen Kontakt mit den Bewohnerinnen und Bewohnern zu intensivieren. Zwei Studentinnen mit türkischer Migrationsgeschichte waren ein wichtiges Bindeglied zu den vielen türkischstämmigen Bewohnerinnen. Ihnen wurde auch Eintritt gewährt bei der ‚Tür-zu-Tür'-Aktion, während der ein Umschlag mit Fragen in vier Sprachen zum ‚Glück', zur ‚Heimat' und zum ‚Zuhause' verteilt wurde.
- Das Stück: *Parzellenglück* war eine interdisziplinäre Rauminszenierung in Form eines Rundgangs. Sechs ‚Reiseleiterinnen' führten zeitgleich eine Gruppe von jeweils 15 Zuschauerinnen und Zuschauern durch sechs Szenen. Gespielt wurde auf dem Dachboden, in Hinterhöfen, in Autos, in Ladenlokalen, auf der Straße, im Bauwagen. Die gesamte Straße wurde zum Bühnenraum mit Musik und Theater, zum Teil auf Türkisch und zum Teil auf Deutsch. Mitgewirkt haben ein 50-köpfiges Team aus professionellen Künstlerinnen, Studierenden und Anwohnern im Alter zwischen 12 und 90 Jahren.

Weitere Informationen siehe online unter:
http://tinyurl.com/HandbuchSoziokultur

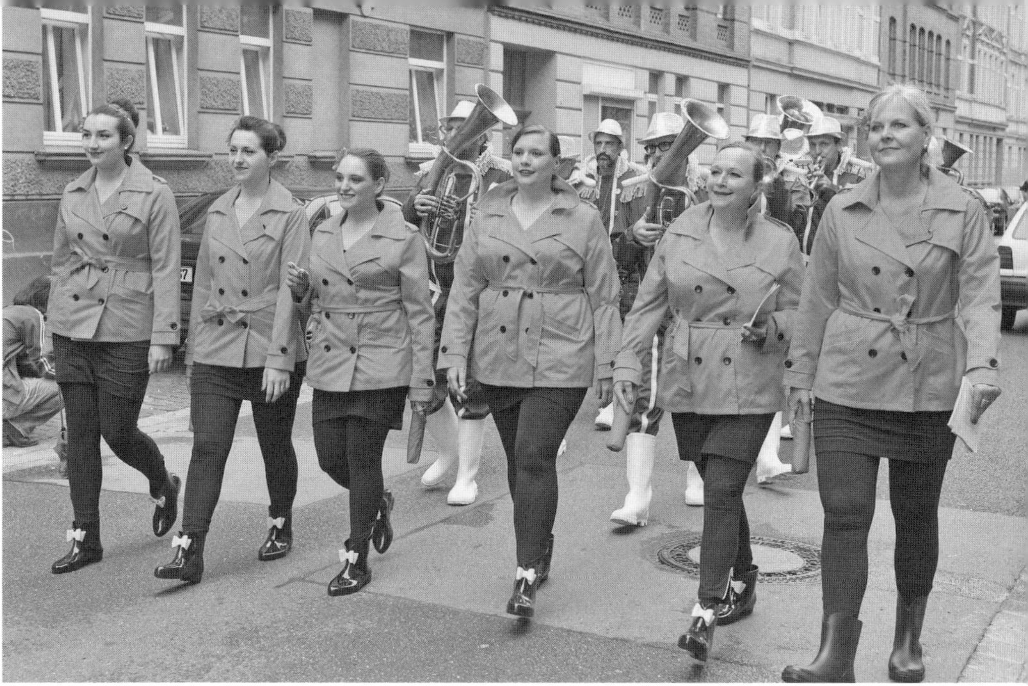

Abb. 4: *Parzellenglück – Wir in der Kochstraße*: Sechs Reiseleiterinnen führen das Publikum durch Hannover-Linden, Kulturzentrum Faust e.V., 2012 (Leitung: Ulrike Willberg, Hans-Michael Krüger), Foto: Andreas Hartmann

Die Spielleitung

Aus Sicht der Spielleitung ist die Rahmung eines Theaterprojekts als „ein wesentliches Gestaltungsmittel" zu denken, das den Akteuren und dem Publikum einen „künstlerischen Modus der Wahrnehmung" ermöglicht (Klein 2009, 121). Dabei hat selbstverständlich auch die Projektleitung selbst, die ein Theaterprojekt initiiert und verantwortet, bestimmte Vorlieben. Das heißt, sie geht von bestimmten Vorannahmen aus, unter denen sie ihre Zielgruppe wahrnimmt, Spielregeln etablieren und ein potentielles Publikum ansprechen möchte.

Ästhetische Vorlieben der Spielleitung

Manche Spielleiter tendieren zum Beispiel eher dazu, eine literarische Vorlage als Ausgangsmaterial zu nehmen, manche arbeiten eher körperorientiert, andere konfrontieren ihre Gruppe lieber mit einem brisanten Thema oder einem Rechercheauftrag – und es gibt wieder andere, die sich gar nicht so sehr an bestimmten Genres orientieren, sondern möglichst von den Interessen und Wahrnehmungen eines potentiellen Publikums ausgehen.

Andere Spielleiterinnen wiederum legen größten Wert darauf, dass sich der Spielanlass erst allmählich aus Vorschlägen der Gruppe herauskristallisiert. Sie animieren die Gruppe durch geeignete Übungen, Aufgabenstellungen und moderierte Gespräche dazu, selbst inhaltliche und formale Zielsetzungen für das Projekt zu formulieren und halten sich mit ihren eigenen Präferenzen bewusst zurück. Erst nach einer längeren Phase der Materialsammlung werden konzeptionelle Leitlinien festgelegt, die im Laufe des Prozesses weiter modifiziert werden können.

Doch auch für den gegenteiligen Ansatz gibt es gute Argumente. Die Spielleitung kann selbst bereits im Vorfeld den inhaltlichen oder formalästhetischen Rahmen einer Inszenierung festlegen, weil sie in der Regel mehr Erfahrung besitzt und ein größeres Überblickswissen über Stoffe und Theaterformen hat. Außerdem: Nur wenn sie selbst von dem jeweiligen Theaterformat begeistert ist, kann sie die Gruppe dafür begeistern und auch auf Durststrecken bei Laune halten.

Weitere Anregungen für die Wahl eines Themas lassen sich aus den Ideen von Bachelorstudierenden im Fach Darstellendes Spiel ableiten. So begründete eine Studentin ihren Themenvorschlag ,Glück' für ihre eigenständige künstlerische Praxis damit, die zur Verfügung stehende Zeit mit etwas Positivem verbringen zu wollen. Ein anderer Student begründete seinen Vorschlag ,Weltuntergang' damit, dass man dafür auf eine breite Materialgrundlage aus dem Film, der Literatur und wissenschaftlichen Sachtexten zurückgreifen könne. Beide Überlegungen sind als Ausgangspunkt für ein Theaterprojekt natürlich legitim, sie werfen jedoch – neben der Grundsatzdebatte, ob das Thema einer künstlerischen Auseinandersetzung eher positiv oder negativ konnotiert sein sollte – weitere Fragen auf: Wie kann die Spielleitung ihre Spieler zu Experten für dieses Thema machen? Welche Methoden sind geeignet, die Teilnehmer in die Bearbeitung des Themas einzubeziehen?

Enge und weite Themensetzungen

An den Beispielen ,Glück' und ,Weltuntergang' zeigen sich die Vor- und die Nachteile einer sehr weit gefassten Themenstellung: Zwar sollte das übergeordnete Thema offen genug gewählt sein, um eine multiperspektivische Annäherung zu erlauben. Allerdings entsteht dadurch leicht zu disparates szenisches Material, aus dem man nur schwer eine gute Szenenfolge bauen kann, die das Interesse der Spieler und des Publikums bis zum Schluss fesselt. Theater ist ein Medium des Konkreten, Sinnlichen, Besonderen. Das Thema wird hier nicht in einem abstrakten Sinne ,abgehandelt' wie bei einem Aufsatz. Thematische Schwerpunkte sind lediglich Hilfskonstruktionen für die eigentliche szenische Arbeit. Ihr Ziel sind Geschichten, Songs, Bewegungsabfolgen und Interaktionen, in denen sich das Thema manifestiert.

Theater ist ein Medium des Konkreten, Sinnlichen, Besonderen

Kontextbedingungen

Theaterarbeit ereignet sich nicht im luftleeren Raum. Die jeweilige organisatorische und institutionelle Rahmung eines Projekts bestimmt nicht nur die finanzielle, räumliche und personelle Ausstattung. Es ist davon auszugehen, dass der institutionelle Kontext sich auch auf „mentale Konzepte" und Vorannahmen der in ihnen handelnden Akteure auswirkt – auf das „Professionsverständnis" der Spielleitung zum Beispiel, aber auch auf die Gruppe, die Theaterform und, nicht zuletzt, auf die Frage, wer sich für die Präsentation oder die Aufführung interessieren könnte (Willenbacher 2016, 219). Das heißt konkret: Ein Spielvorhaben im Grundkurs Theater an der Schule, in dem tradierte Formen des Theaters ausprobiert und schließlich schulintern präsentiert werden, hat andere Voraus- und Zielsetzungen als ein Bürgerbühnenprojekt unter den professionellen Bedingungen eines Stadttheaters.

Mentale Konzepte

Das Freie Theater

Das Freie Theater definiert sich traditionell in Abgrenzung zu den Darstellungsweisen und Arbeitsabläufen der subventionierten Stadt- und Staatstheater. Mittlerweile hat es unzählige Produktionsformen und Theaterästhetiken hervorgebracht, die sich nur schwer auf einen gemeinsamen Nenner bringen lassen: Das Spektrum reicht vom kleinen Figurentheater mit fester Spielstätte und Stammpublikum bis zu national und international agierenden Performancegruppen, die ihre Kooperationspartner und ihre Arbeitsweisen mit jedem Projekt neu bestimmen (vgl. Matzke 2012a). Freies Theater finanziert sich vorwiegend aus zeitlich begrenzten Projektmitteln der Länder, Kommunen, Stiftungen und Verbände; es muss seine Förderungswürdigkeit also für kleinere Produktionseinheiten immer wieder neu beweisen.

Die Stärke des Freien Theaters liegt in seiner Autonomie. Es muss sich nicht an einem konsensfähigen Themenkanon orientieren, sondern hat die „Freiheit, Strukturen, Hierarchien, Rollenzuschreibungen, Abläufe, Kollaborationen so zu erfinden, wie sie das jeweilige künstlerische Unterfangen braucht – und nicht umgekehrt." (Malzacher 2016) Vor diesem Hintergrund sind aus der Freien Szene viele wichtige Impulse für das gegenwärtige Theater und die Theaterpädagogik hervorgegangen. Umgekehrt ist für viele freie Künstler und Gruppen der Bereich der Kunstvermittlung ein wichtiges und interessantes Arbeitsfeld – etwa die Theaterarbeit mit Kindern und Jugendlichen in Schulen.

Mit Theater im Kursunterricht an der Schule ist der „institutionelle Anspruch der Vermittlung von Wissen, Können und Werthaltungen" verknüpft (Klepacki 2007, 64). Das bedeutet, dass die didaktische Auswahl und die methodische Modellierung des (Lern-) Gegenstands sich dort *auch* daran zu orientieren hat, welche fachlichen und sozialen Kompetenzen jeder einzelne Lernende erwerben kann. Dies entspricht der aktuellen – und durchaus umstrittenen – Norm- und Wertorientierung der Institution Schule, die auch für das Fach Theater gültig ist. Daraus folgt, dass das Schulfach Theater zunehmend innerhalb der üblichen Stundenpläne und Schulstrukturen unterrichtet wird, einschließlich Benotung und Leistungsüberprüfung. Die Mitglieder sowie die Größe einer Gruppe stehen in der Regel mit Beginn eines Schulhalbjahres fest.

Theater in der Schule

Demgegenüber ist beispielsweise die personelle Zusammensetzung einer Bürgerbühnenproduktion oft Teil einer Recherchephase, die lange vor Probenbeginn stattfindet. Hier wird man sich in der Konzeptionsphase vor allem Gedanken darüber machen, wie man ein gesellschaftlich relevantes Thema, einen publikumswirksamen Titel und eine bestimmte Zielgruppe aufeinander bezieht. Vor diesem Hintergrund ist an der Bürgerbühne zuallererst zu klären, wie man die anvisierte Zielgruppe überhaupt erreicht (Plakate, Flyer, soziale Netzwerke), nach welchen Kriterien man die Mitwirkenden auswählt (Casting) und wie man die Proben so organisiert, dass sie auch teilnehmen können (Tscholl 2014, 15).

Theater an der Bürgerbühne

Diese sehr schematische Gegenüberstellung zweier Praxisfelder soll zeigen, dass jedes Theaterprojekt unweigerlich von einem institutionellen Kontext bestimmt ist, der von den Projektverantwortlichen in bestimmter Weise interpretiert wird – d. h., er wird eingehalten und genutzt, womöglich aber auch verändert. Wenn etwa, um beim Beispiel Schule zu bleiben, ein Jubiläum ansteht oder ein internationaler Austausch, so kann man überlegen, inwiefern man diesen zunächst äußeren Anlass in die geplante Inszenierung bewusst einbezieht, also auf spielerische und kreative Weise thematisiert. Theaterarbeit kann so das öffentliche Bild, aber auch das Selbstverständnis einer Institution prägen und einen Beitrag zu ihrer Neuausrichtung oder Weiterentwicklung leisten.

Theater als Beitrag zur Institutionsentwicklung

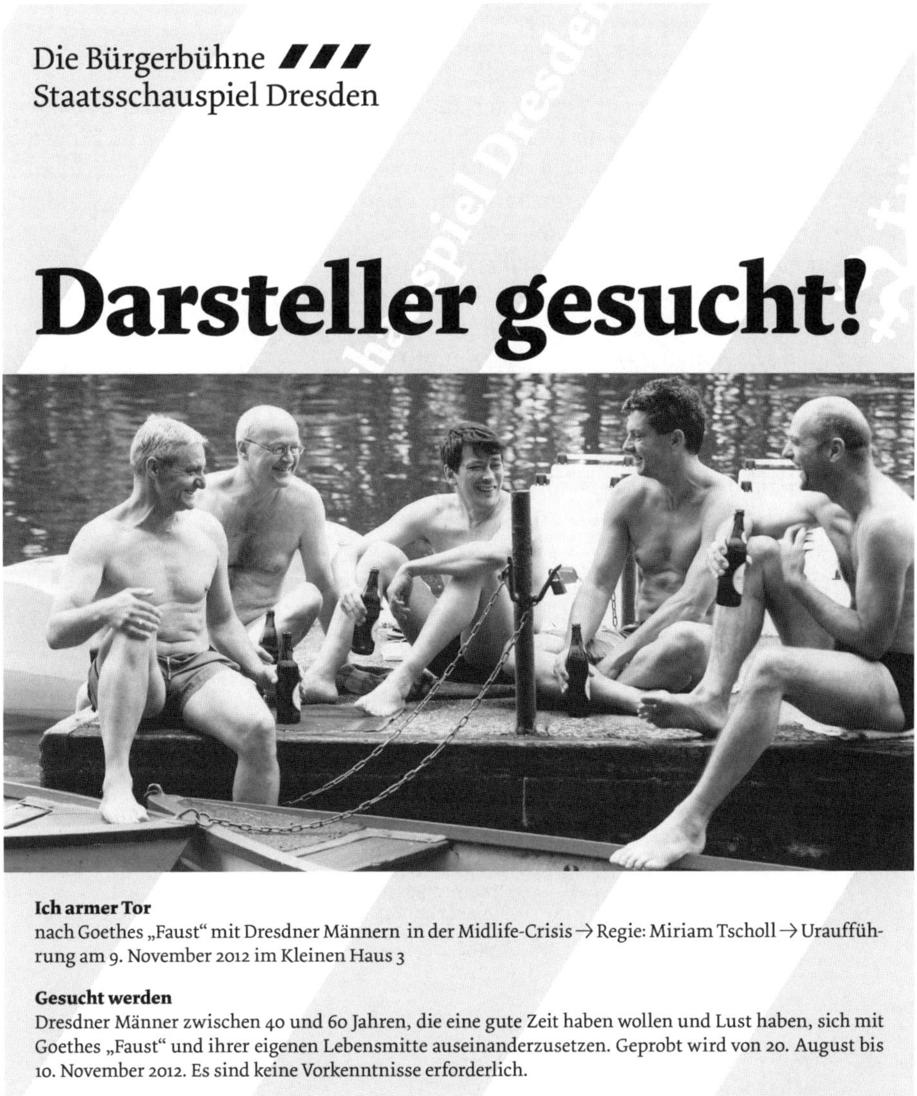

Abb. 5: Darsteller gesucht! Plakat zum Infotreffen an der Bürgerbühne Dresden, 2012

Die Disney-Strategie

Diese Kreativitätstechnik, die sich in der Praxis des Projektmanagements und der Coachingszene etabliert hat, eignet sich auch als Prüfstein für die konzeptionellen Leitideen eines Theaterprojekts. Denn so wichtig es ist, den Gedanken zu Projektbeginn freien Lauf zu lassen (vgl. Kapitel 2.1), so richtig ist es auch, diese Phantasien rechtzeitig auf ihre Umsetzbarkeit zu überprüfen. In diesem Sinne werden in der ersten Konzeptionsphase verschiedene Perspektiven durchgespielt, die man auf eine erste Projektskizze haben kann:

- die Perspektive des Träumers, der sich beim imaginären Bau seiner Luftschlösser zunächst keinerlei Einschränkungen auferlegt und gewissermaßen von einer idealen Welt ausgeht (Alles ist erlaubt!)
- die Perspektive des Realisten, der danach fragt, was unter den gegebenen Bedingungen machbar ist, bzw. was für die Umsetzung benötigt wird (Wie können wir das umsetzen?)
- und schließlich die Perspektive des Kritikers, der die Schwächen eines Vorschlags zu erkennen versucht und den Finger in die Wunde legt (Was kann alles schiefgehen?)

Alle drei Sichtweisen sind beim Einstieg in einen schöpferischen Prozess gleichermaßen wichtig und unverzichtbar, und sie können sich darüber hinaus auch in anderen Projektphasen als nützlich erweisen, wobei die Reihenfolge, in der man die jeweiligen Positionen durchläuft, variieren kann. Wichtig ist, dass ein neutraler ‚Moderator' über die Einhaltung der Regeln wacht und damit eine konstruktive Nutzung im Sinne des Gesamtvorhabens gewährleistet.

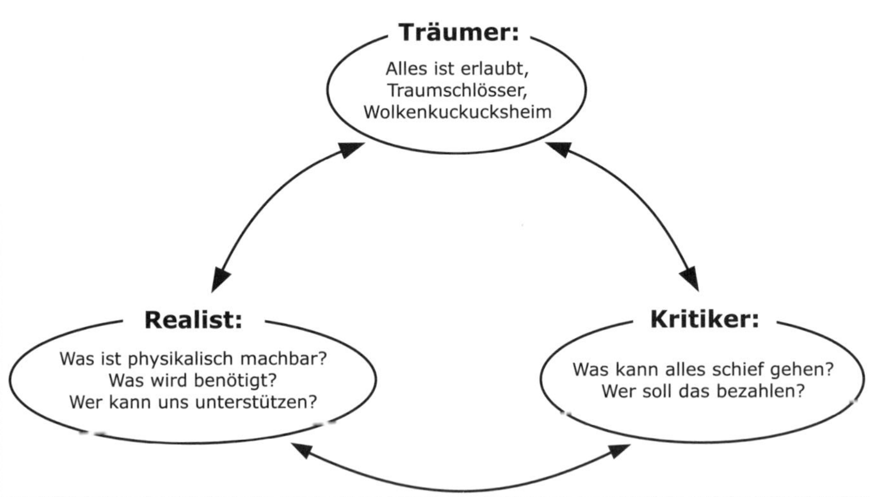

Abb. 6: Die Disney-Strategie

Wenn sich die Ausgangssituation für das Projekt durch die Disney-Strategie konkretisiert hat, können in einem ersten (wie immer vorläufigen) Konzeptpapier Überlegungen zum Thema, zur Vorgehensweise, zu organisatorischen Rahmenbedingungen und zur ästhetischen Umsetzung festgehalten werden. Ein solches Konzeptpapier dient als Grundlage für szenische Versuche, kann aber auch dazu anregen, weiterführende Frage- und Problemstellungen zu formulieren oder erste Recherche- und Arbeitsaufträge zu verteilen.

Zusammenfassung

Die Überlegungen in diesem Kapitel sollten zeigen: Wer ein Theaterprojekt plant, muss ein komplexes Zusammenspiel von vielen Menschen, Bedingungen und Faktoren im Blick behalten. Die Spielleitung hat die Aufgabe, aus einer „Metaposition" die unterschiedlichen Perspektiven der am Theaterprozess beteiligten Akteure zu erkennen und diesen Überblick für die Stückentwicklung fruchtbar zu machen (Baecker 2006, 23). Das ist das Schwierige, aber auch das Interessante am Theater: Gerade eine spannungsreiche Konstellation (Spielgruppe, Spielprinzip, Thema, Raum etc.) wirkt motivierend und verspricht ästhetischen Mehrwert.

Metaposition der Spielleitung

Greifen wir die oben skizzierte Idee von der Resonanzerfahrung wieder auf, die durch die gemeinsame Arbeit an einem Theaterprojekt ausgelöst werden kann, dann kann man sagen, dass ein Theaterprojekt erst in dem Moment richtig beginnt, in dem eine Gruppe von Menschen sich auf ein Problem, einen Stoff verständigt hat. Jetzt ist jener Spiel- oder Resonanzraum eröffnet, in dem Fragen aufgeworfen und bearbeitet werden – und in dem der ‚Gegenstand' und das ‚Gemeinsame' allmählich entsteht. Die Tragfähigkeit eines Themas – der Idee, eines Rahmens oder Konzepts – lässt sich also nur bedingt vorher klären, sie erweist sich in der Praxis.

Theatrale Gegenstandskonstitution

Diese Offenheit entfaltet im Probenprozess vielleicht gerade dann ihre besondere Wirkung, wenn durch konzeptionelle Vorentscheidungen eine inspirierende Ausgangssituation geschaffen wurde: durch die Eroberung eines ungewöhnlichen Spielortes zum Beispiel, der den Probenprozess in Gang setzt und belebt. Oder durch eine Gegenbesetzung, die männliche und weibliche Rollenklischees befragt. Oder durch ein antagonistisches Spielprinzip, das die Konflikte eines Einzelnen oder Einzelner mit und innerhalb einer Gruppe zeigt. Durch die Entscheidung für ver-

Konzeptionelle Vorentscheidungen

schiedene Spielebenen, etwa wenn Choreografie und Sprechchor einander abwechseln oder wenn Filmeinspielungen und Videoprojektionen die leibhaftige Darstellung der Spieler kommentieren. Oder durch die Montage verschiedener Sprachebenen, die Alltagsjargon und literarisch geformte Sprache miteinander konfrontiert.

Die Planungen für das Projekt orientieren sich also nicht nur an Themen und Stoffen, schon gar nicht allein an einem dramatischen Text oder einem reißerischen Titel. Vielmehr geht es um die Risiken und Chancen des Vorhabens insgesamt auf einer übergeordneten, der dramaturgischen Ebene; es geht um eine vorläufige Programmatik für die Probenarbeit und ihre experimentellen Spielräume; es geht um die genaue und liebevolle Einlassung der Theaterschaffenden auf einen Ort, um die spezifischen Stärken der Beteiligten – und schließlich um die Vermittlungsleistung der Aufführung nach innen und außen.

Risiken und Nebenwirkungen

Weiterführende Literatur

Sachser, Dietmar; Streisand, Marianne; Nix, Christoph (Hg.) (2012) Theaterpädagogik. Theater der Zeit: Lektionen 5. Berlin

Leitfragen zur Vision eines Theaterprojekts

- Wer sind die Teilnehmer? Welche Kenntnisse, Interessen und Haltungen bringen sie mit? Was wollen sie eigentlich machen?
- Welches Thema ist für die Gruppe interessant? Welche Möglichkeiten, welche Schwierigkeiten birgt die Projektkonzeption für sie?
- Warum lohnt es sich speziell für diese Gruppe, sich mit der Kunstform Theater auseinandersetzen? Welche neuen Erfahrungen werden den Beteiligten durch das Projekt ermöglicht?
- Was sind die Ziele und Erwartungen und mit welchen theatralen Verfahren lassen sie sich am besten realisieren? Welche literarischen Vorlagen, Filme, Bilder o.a. gibt es, die sich diesem Thema widmen?
- In welchem Kontext findet das Projekt statt? Gibt es inhaltliche Vorgaben oder Wünsche von institutioneller Seite, die berücksichtigt werden sollten? Welche Wirkung beim Publikum – und darüber hinaus – ist mit dem Theaterprojekt beabsichtigt?

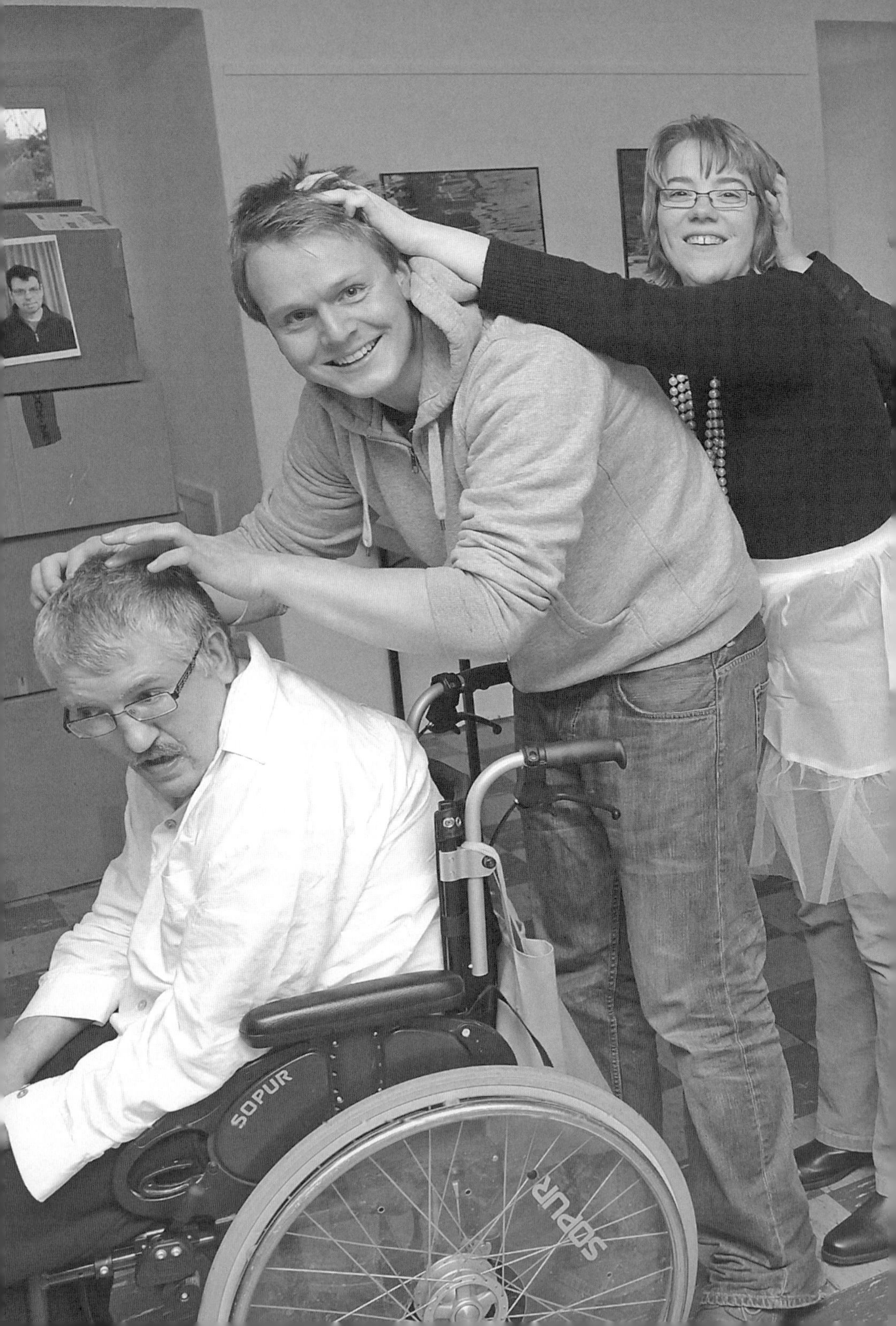
SOPUR

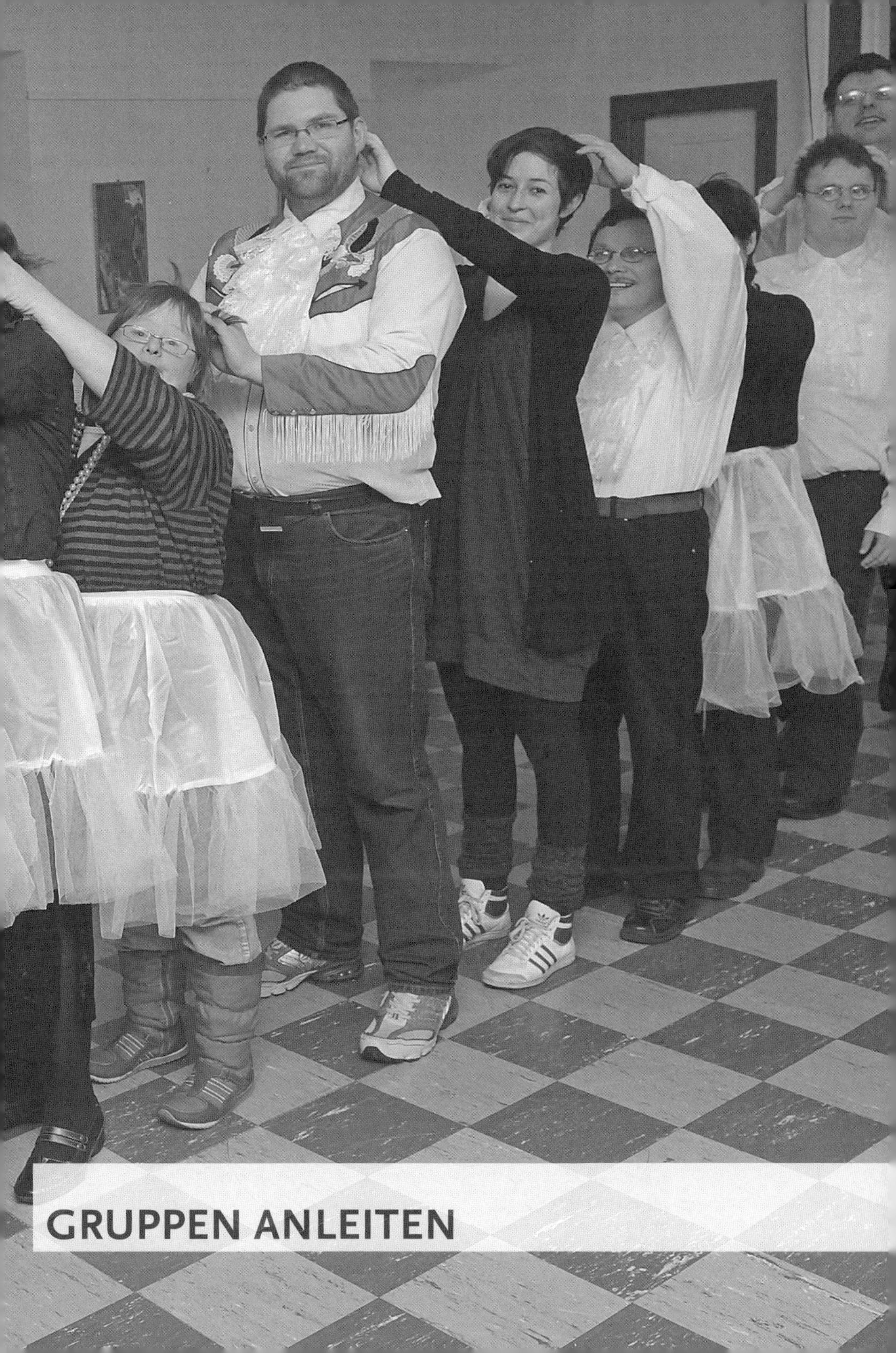

GRUPPEN ANLEITEN

Abb. 7: *Der Menschenfeind oder der verliebte Melancholiker nach Molière:*
Das *Theater Howei* aus Hildesheim probt mit Anna Fries und Markus Schäfer (2010), Foto: Andreas Hartmann

3 Gruppen anleiten

Dass die Spielleitung ein entscheidender Faktor bei der Theaterarbeit ist, zeigt sich nicht zuletzt daran, dass Theaterstudierende ihre Studienwahl oft mit Verweis auf frühere Theaterlehrer begründen, die ihnen aus dem Schulalltag als positive Vorbilder und Förderer besonders in Erinnerung geblieben sind (vgl. Reinwand 2008, 60). Am Anfang des Studiums wird der Stellenwert wichtiger Koordinations- und Leitungsaufgaben wie organisatorische Absprachen und die methodische Konzeption der Proben jedoch häufig unterschätzt. Meist wird erst in der zweiten Hälfte des Studiums verstärkt ein eigenes Profil als Spielleiterin ausgeprägt und weiterentwickelt. Daher sollte gerade im Kontext der Aus- und Weiterbildung genügend Zeit darauf verwendet werden, implizite Auffassungen von Theater, Probenmethoden und Praxishaltungen zu reflektieren (vgl. Wildt; Hentschel; Wildt 2008).

Die Haltung der Spielleitung

3.1 Regie versus Spielleitung

Die auf Brecht zurückgehende Rede von der „Haltung“ des Probenleiters meint dessen Vorstellungen, Einstellungen, aber auch dessen jeweilige soziale und körperliche Disposition. Es geht also immer um die ganze Person – und zwar in ihrem Verhältnis zu der Gruppe, für die sie Verantwortung trägt.

Um sich gegenüber dem Regisseur im professionellen Theater abzugrenzen, hat sich in der Theaterpädagogik der Begriff der ‚Spielleitung‘ etabliert. Die Unterscheidung zwischen professionellem Theater und Theaterpädagogik (verstanden als Theaterarbeit mit nicht-professionellen Akteuren), zwischen Berufsregisseurin und Spielleiterin ist hilfreich, um zu zeigen, wo die „spezifischen Ausgangslagen [...] graduell voneinander abweichen“ und um unterschiedlich zu gewichtende „Zielformulierungen“ herauszuarbeiten: „In der Regiearbeit ist das künstlerische Produkt wichtiger als die den Spielern ermöglichte Differenzerfahrung, in der Theaterpädagogik ist es umgekehrt“ (Sack 2011, 19). Regisseure im professionellen Theater gelten – auch im juristischen Sinne – als alleinige Autoren, Schöpfer oder Urheber einer Inszenierung, deren Entstehung sie maßgeblich bestimmen und kontrollieren. Diese Position der Regie geht zurück auf den Mythos vom Künstler als autonom-schöpferisches Genie. Dem Modell eines arbeitsteiligen, hierarchisch strukturierten Produk-

Der Mythos vom Künstler

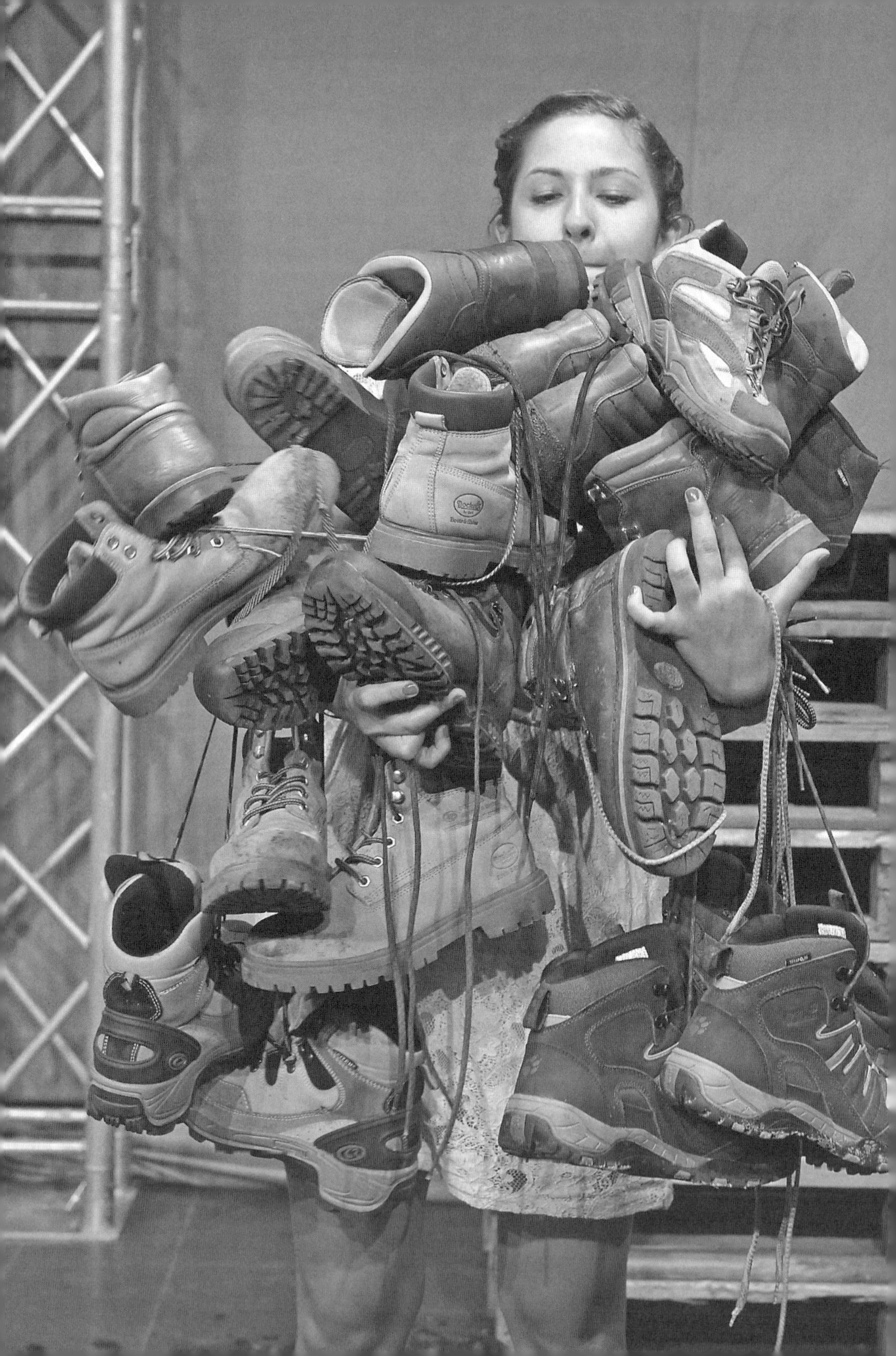

tionsprozesses, wie es sich in den westlichen Gesellschaften herausgebildet hat, steht ein gänzlich anderes Verständnis von theaterpädagogischer Arbeit gegenüber. Es beginnt sich bereits im frühen 20. Jahrhundert bei Theaterlehrern wie Stanislawski oder Brecht abzuzeichnen, die den „Probenleiter" als Ratgeber und Fragenden konzipierten.

Brecht – Der „Probenleiter" (1937)

Der Probenleiter kommt hier nicht ins Theater mit einer »Idee« oder »Vision«, einem »Plan der Stellungen« und einer fertigen »Dekoration«. Er wünscht nicht, eine Idee zu »verwirklichen«. Seine Aufgabe ist, die Produktivität der Schauspieler (Musiker und Maler und so weiter) zu wecken und zu organisieren. Unter *Probieren* versteht er nicht das Einpeitschen von vornherein in seinem Kopf Feststehendem. Er versteht darunter ein *Ausprobieren*.

Bertolt Brecht, Haltung des Probenleiters (1993), Seite 597

Theater als Basisdemokratie?

Spätestens seit den Demokratisierungsversuchen in den 1960er Jahren und Experimenten der freien Gruppen wird das hierarchische Verhältnis zwischen Regisseurin und Schauspielerin kritisch hinterfragt und häufig demontiert. Als Gegenentwurf dient seither das Ideal einer Probengemeinschaft, die künstlerische Entscheidungen möglichst demokratisch herbeiführt. In diesem Sinne wird zunehmend auch eine andere Verteilung von Verantwortungsbereichen und Zuständigkeiten möglich. Sogar die Außenposition der Beobachtenden und Beschreibenden, die sonst traditionell der Regieautorität vorbehalten war, wechselt nun innerhalb des Produktionskollektivs.

Abb. 8: *In Jelineks Kopf – Prinzessinnendramen (Teil 5: Die Wand)*: Szenenfoto aus einem Projekt im Studiengang Darstellendes Spiel, Leibniz Universität Hannnover, 2010 (Leitung: Carmen Waack), Foto: Andreas Hartmann

Im Theater der Gegenwart lassen sich jedoch auch gegenteilige Tendenzen beobachten, die den alten Trennungen und Vorurteilen – hier unbewegliche, hierarchische Stadttheaterstruktur, dort flexible Freie Szene bzw. theaterpädagogisches Probehandeln für eine gerechtere Gesellschaft – zuwiderlaufen: Auf der einen Seite finden sich unter den hochgehandelten Regisseuren des Profi-Theaters zunehmend auch Regisseure, die sich als diskussionsfreudige Moderatoren hervortun. Auf der anderen Seite verlangen auch Theaterpädagoginnen ihren Akteuren oft einiges ab, um bestimmte Darstellungsziele zu erreichen. Sie vertreten dabei bewusst eine provozierende und konfrontative Spielleitungsposition, meiden die Fallgruben einer „Kuschel-Pädagogik" und suchen stattdessen kompromisslos „eine starke, womöglich sogar lebensverändernde singuläre Kunsterfahrung“, die „man sich vorher überhaupt nicht hat vorstellen können“ (Goebbels 2012).

Paradoxien von Pädagogik

Zwischen Spielleitung und Gruppe besteht ein Erfahrungs- und Machtgefälle, aus dem sich oft Widersprüche ergeben: Auf der einen Seite schafft die Spielleitung Spielräume für die gemeinsame Arbeit und die Arbeit des Einzelnen, hält den Prozess bewusst offen für Veränderungen; auf der anderen Seite muss sie jedoch rasche Entscheidungen treffen, wenn Widerstände auftreten, wenn „Irritationen zu groß sind, sich Sackgassen auftun, die Gruppe im Experimentieren die Orientierung verliert“ (Hartmann 2009, 137). Zugespitzt formuliert führt dieses pädagogische Verhältnis in eine Paradoxie: Die Spielleiterinnen bieten ihr ganzes Wissen und Können auf, um in bestimmten Probenphasen zugleich jeden Anspruch auf Erziehung oder Belehrung aufzugeben. Schließlich sollen die Spieler selbst Arbeitsprozess und Aufführungssituation gestalten – eine Paradoxie, die jeder zeitgemäßen Pädagogik grundsätzlich innewohnt (vgl. Deck 2014).

Vor diesem Hintergrund ist es nicht mehr überraschend, dass in den Publikationen zum Thema Spielleitung eine Fülle von Handlungsanleitungen und Rollenzuschreibungen *ko*existieren. Da Spielleiterpersönlichkeiten gegenüber ihrer Gruppe unterschiedliche Haltungen performativ hervorbringen, hat man sie unter anderem als „Schauspieler“ und „Statuswechsler“ bezeichnet (vgl. Plath 2010). Demnach treten sie, um im Bild zu bleiben, in unterschiedlichen Rollen auf: abenteuerlustig als „Expeditionsleiter“ (Scheurle 2013, 40), direktiv als disziplinierende „Übungsleiter“ (Frenzel 2013, 22) oder avantgardistisch als „Sozialplastikerin“ (Hinz 2013, 25). Spielleiterinnen sind grundsätzlich mit einer Vielzahl zum Teil widersprüchlicher Aufgaben und Anforderungen konfrontiert. „Im Idealfall machen sich Theaterpädagoginnen selbst überflüssig“, so lautet zum Beispiel eine Anweisung im Dickicht der Handlungsmaximen.

Die Spielleiterin als Sozialplastikerin

Gegenüber Patentlösungen und goldenen Regeln sind grundsätzlich Zweifel angebracht. Spielleiterinnen sehen sich vielmehr mit der Notwendigkeit konfrontiert, sich immer wieder neu die Frage nach den impliziten Vorannahmen und Gründen für ihr Handeln zu stellen. Diese Form der Selbstverständigung ist Ausgangspunkt und Bedingung jeder zeitgemäßen Stellenbeschreibung für Spielleiter, wenn sie ihr eigenes Profil ausbilden möchten und sich dabei nicht nachsagen lassen wollen, eine antiquierte Auffassung der eigenen Aufgabe zu vertreten (vgl. Green 2005, 98; Plath 2009, 29 ff.).

Grundsätzlich lässt sich jedoch festhalten: Mit dem Begriff der ‚Spielleitung' bezeichnet man jene ordnende und lenkende Instanz, die den Kommunikationsfluss, das Vertrauen innerhalb der Gruppe und gemeinsame Spielregeln aufrechterhält. Bei allem Vertrauen in kollektive Intelligenz und in den emanzipatorischen Charakter der Künste zeigen sich in der Praxis doch oft auch Kehrseiten – es gibt Machtkämpfe, Störungen und Rückschläge, Momente von Zweifel in der Gruppe oder hinderliche Rahmenbedingungen. Daher gehört es nicht nur ganz wesentlich zu den Aufgaben einer Probenleitung, gute Laune zu verbreiten, es gilt auch Entscheidungsstrukturen transparent zu machen, Konflikte frühzeitig zu erkennen und zu bearbeiten oder auszuhalten. Die Spielleitung stellt zudem die organisatorischen Bedingungen für den Proben- und Aufführungsprozess sicher und prüft szenische Verfahren auf ihre künstlerische Adäquatheit; sie sorgt für ein ensembleorientiertes Spielprinzip und – etwa in der Schule – für transparente Bewertungskriterien; sie moderiert assoziative Gespräche und initiiert themen- und situationsgerechte Improvisationen – und sie hilft schließlich, ein konzeptionelles Gerüst aus schlüssigen, bildhaften Grundsituationen zu bauen, bzw. die verschiedenen Einfälle und Meinungen unter dramaturgischen Gesichtspunkten zu ordnen (vgl. Kapitel 7.1).

Die Spielleiterin als lenkende Instanz

Das Selbstverständnis von Spielleitern basiert dabei nicht allein auf individuellen Vorlieben oder eigens formulierten professionellen Leitsätzen. Ihr Selbstverständnis wird – mehr oder weniger bewusst – immer auch von übergeordneten „kulturpädagogischen Paradigmen" geformt, die jedoch zu reflektieren und zu hinterfragen sind: Richtungsweisende Modelle oder ‚Schulen' setzen zum Beispiel bei der Selbstverwirklichung des Subjekts an, favorisieren eher die produktive Kritik gesellschaftlicher Verhältnisse oder legen besonderen Wert auf die Autonomie von Kunst und Kunstproduktion (Pinkert 2007, 256 ff.). In welcher Strömung man schwimmt, das hängt eng zusammen damit, „welche Bildungsziele, welches Verständnis von Lernen, welche gesellschaftlichen Funktionen" man mit der Vermittlung des Theatermediums verbindet (Mörsch 2011, 21).

Kulturpädagogische Paradigmen

3.2 Situative Spielleitung

Die ethische Verantwortung der Spielleitung wird gerade bei biografisch orientierten Theaterproduktionen und Projekten besonders sinnfällig. Am Beispiel der von ihr geleiteten Produktion

FKK. Eine Frauenkörperkomödie (Bürgerbühne Dresden, 2010) beschreibt Melanie Hinz, welchen Widerständen sie begegnet ist, als sie eine Gruppe von Frauen ab 16 Jahren dazu bewegen wollte, im Probenprozess Tabus weiblicher Sexualität zu reflektieren, sich selbst dabei „als Kunstfigur zu begreifen" – und auf der Bühne schließlich etwas „zu sagen und zu tun, was im Alltag unmöglich wäre". Obwohl sich die Teilnehmerinnen auf eine entsprechende Ausschreibung hin gemeldet hatten, waren viele Darstellerinnen letztlich nur sehr bedingt bereit, eigenes Biografisches über ihre Sexualität in den Probenprozess einzubringen, sondern warteten stattdessen „auf einen Stücktext und ihre Rolle". Wie kann die Spielleitung (Regie) darauf reagieren? Eine Antwort wäre: Sie macht aus der Not eine Tugend. In diesem Fall wurde die Verweigerungshaltung der Darstellerinnen als Impuls für eine Schreibaufgabe genutzt: „Was ich niemals auf der Bühne machen würde". Die Statements der Projektteilnehmerinnen („Ich werde mich hier auf keinen Fall ausziehen.") fanden sich später in verdichteter Form in der Eingangsszene wieder, und die ganze Inszenierung war schließlich geprägt von einer „Dramaturgie der Scham, bei der immer mehr Frauen aussteigen und in eine Kabine gehen, je obszöner die Sprache wird und je mehr Hüllen fallen" (Hinz 2014, 108).

Mit Widerständen umgehen

Wie man es besser *nicht* macht: *Der Hexer in Niedernhall*

Ein prägnantes Beispiel, wie Spielleitung *nicht* aussehen sollte, liefert der Dokumentarfilm *Der Hexer in Niedernhall* von Gunther Merz (2006, 64 min.). Im Mittelpunkt steht ein Regisseur, der als patriarchaler Alleinherrscher über die Inszenierung eines von ihm selbstverfassten Dramas wacht. Dabei stellt er ex negativo die Bedeutung ethischer Grundsätze für theaterpädagogisches Handeln eindringlich unter Beweis, indem er sie nämlich permanent verletzt. Er schafft finanzielle Abhängigkeitsverhältnisse, intimisiert und emotionalisiert immer wieder die Beziehung zu einzelnen Teilnehmern – oder grenzt sie willkürlich vom Probenprozess aus. Kennzeichnend für den hier dokumentierten Probenprozess sind Krisenszenarien, aus denen „wechselseitige Verletzungen, Entblößungen und Beschämungen" hervorgehen (Roselt 2014, 68).

Eine DVD mit dem genannten Dokumentarfilm liegt folgender Publikation bei: Hinz, Melanie; Roselt, Jens (Hg.) (2011) Chaos und Konzept. Proben und Probieren im Theater. Berlin, Köln 2011

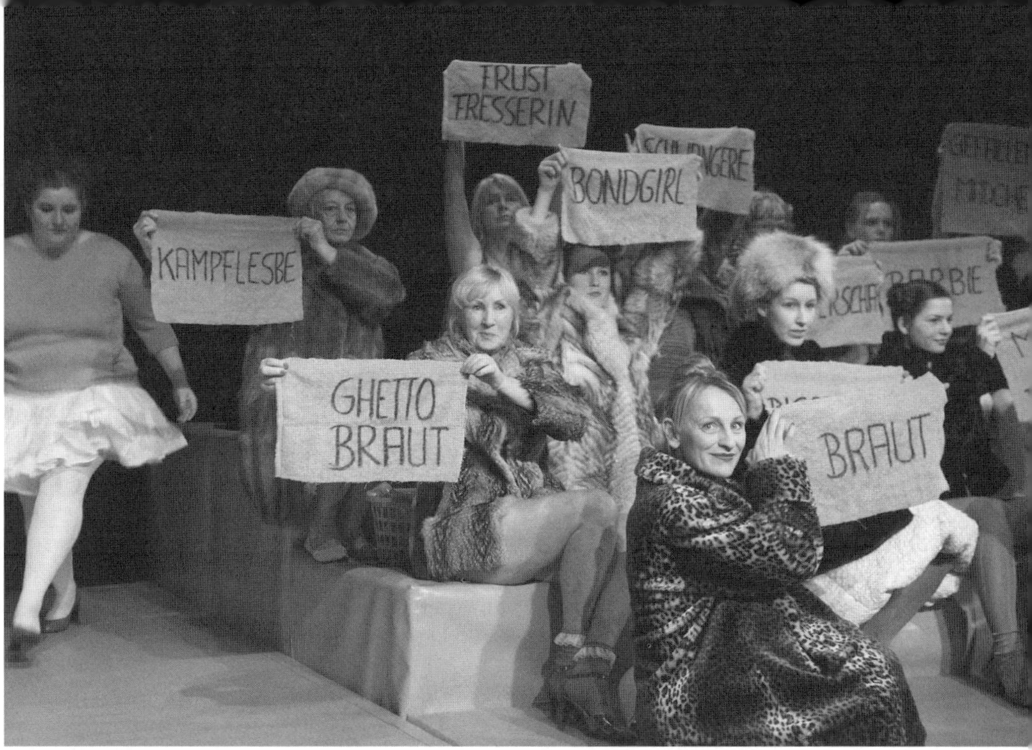

Abb. 9: *FKK – eine Frauenkörperkomödie*: Eine Produktion mit Frauen von 16 bis 66 Jahren, Bürgerbühne Dresden 2012 (Regie: Melanie Hinz, Sinje Kuhn), Foto: David Baltzer

Dies nur in aller Kürze skizzierte Beispiel belegt: Wenn Spielerinnen eigenes biografisches Material beitragen und nicht eine fremde, bereits vorgegebene Rolle darstellen sollen, so hat dies tiefgreifende Auswirkungen sowohl auf den Probenprozess und die Inszenierung als auch auf die Selbstreflexion und das Selbstverständnis der Spielerinnen. Denn hier stellt sich immer wieder neu die Frage, wie die Verantwortlichen mit Widerständen, mit Ängsten oder Tabus umgehen. Das erwähnte Beispiel wirft zudem die grundsätzliche Frage auf, wie man Theatervermittlung so organisieren kann, dass die damit verbundenen Anforderungen dem jeweiligen Fähigkeitsgrad der Beteiligten entsprechen. Gerade wenn man es nicht mit einer homogenen Gruppe zu tun hat, gilt es entsprechend sensibel und flexibel auf Signale aus der Gruppe bzw. auf die Individualität der Beteiligten zu reagieren. Dafür versucht die Spielleitung enge dialogische Beziehungen aufzubauen und aufrechtzuerhalten. Außerdem ist sie in der Lage, verschiedene Interventionsmöglichkeiten zwischen eingreifender Unterbrechung und zurückhaltendem Geschehenlassen gegeneinander abzuwägen und situativ anzuwenden.

Situative Spielleitung

Freude und Produktivität beim Theatermachen entstehen, wenn die Mitwirkenden ihrem Fähigkeitsgrad und ihrem persönlichen Sachinteresse entsprechend angeleitet und unterstützt werden. Insbesondere wenn man es nicht mit einer homogenen Gruppe zu tun hat, gilt es entsprechend sensibel und flexibel auf Signale aus der Gruppe bzw. auf die Individualität der Beteiligten zu reagieren:

1. *Anweisen*: Falls die Motivation zwar hoch ist, nicht jedoch die theatrale Handlungskompetenz bzw. die Bereitschaft und die Fähigkeit, sich überhaupt in der erwarteten Weise auf die Anforderungen des Projekts einzulassen, sollte die Spielleitung die Struktur der nächsten Arbeitsschritte (erneut) erläutern, einfache Übungen wiederholen und so Erfolgserlebnisse ermöglichen. Manchmal kann es hilfreich sein, auch ohne große Erklärungen noch einmal darauf hinzuweisen, was künftig zu tun ist und worauf es dabei ankommt, um den Prozess in Gang zu setzen oder neu zu befördern.
2. *Erklären*: Nachfragen („Warum tun wir das?") sind ein guter Anlass, die Gruppe erklärend zu lenken oder den Einzelnen immer wieder die Möglichkeit zu geben, Einsicht zu gewinnen. Die Spielleitung sollte in der Lage sein, die Zielsetzungen eines Projekts und das dahinterstehende Konzept überzeugend zu begründen und ggf. an den gemeinsam vereinbarten Rahmen zu erinnern. Dies kann insbesondere dann notwendig sein, wenn die Anfangseuphorie verflogen ist.
3. *Unterstützen*: Entwickeln die Mitwirkenden bereits eigene gute Ideen, ist stärker ein partizipatives Anleiten auf Augenhöhe gefragt. Wenn man bei einer Gruppe Fortgeschrittener zu häufig interveniert, die Vorbedingungen antastet oder ändert, sind Konflikte programmiert („Das wissen wir doch schon!").
4. *Delegieren*: Wenn die Spielerinnen eigenständig realistische Zielsetzungen formulieren, eigene Ideen und Konzepte ausprobieren möchten und diese kompetent bewältigen – dann können Aufgaben und Teile der szenischen Realisierung *delegiert* werden. Die Spielleitung hält sich nun bei der Entwicklung von Ideen und ihrer Umsetzung zurück, behält selbstverständlich aber die Verantwortung für das Projekt.

Leitfragen zur Haltung der Spielleitung

- In welcher Beziehung stehen Sie zu den Beteiligten?
- Welcher Spielleitertyp sind Sie? Welche Rollen nehmen Sie in unterschiedlichen Situationen und Phasen während der Projektarbeit ein und welche Konsequenzen hat dies für den Produktionsprozess?
- In welchem Verhältnis steht Ihr theaterpädagogisches Handeln zu künstlerischen Strategien und Vorbildern aus dem professionellen Theater? Inwiefern lassen sich diese Einflüsse für die eigene Arbeit produktiv machen?
- In welcher Hinsicht benötigen Sie als Projektleitung selbst Unterstützung, um den Anforderungen der Gruppe und den eigenen Qualitätsansprüchen gerecht werden zu können?

3.3 Projektverlauf planen

Die folgenden Überlegungen beschäftigen sich mit den zeitlichen, organisatorischen und methodischen Vorgaben eines Theaterprojekts, also mit Fragen der Probengestaltung. Auf den ersten Blick scheint es vielleicht abwegig, sich angesichts eines künstlerischen Vorhabens mit Fragen des Managements zu befassen. Probenarbeit lässt sich schließlich nicht auf die reibungslose Umsetzung und zielgerichtete Herstellung eines Produkts reduzieren, sondern hat andere Freiheiten und verfolgt damit grundlegend andere Ziele und Zwecke. Grundsätzlich gilt: Auch die beste Methode, die engagierteste Anleitung führt, als bloße Technik und rein mechanisches Baukastenprinzip verwendet, nicht zwangsläufig zum Erfolg. Resonanz lässt sich ebenso wenig erzwingen wie Kreativität – im Gegenteil: „Der Versuch, ganz gezielt Resonanzen mittels manipulativer Stimulationstechniken herbeizuführen, birgt die Tendenz, diese eher zu verhindern als zu befördern“ (Rosa 2016, 498).

Erfolgreiche Theaterarbeit ist nur begrenzt methodisierbar

Die Dynamik des Probens ist gekennzeichnet von Umwegen und Irritationen, Grenz- und Schwellenerfahrungen. Aber gerade vor diesem Hintergrund kann es sich als hilfreich erweisen, neben den inhaltlichen und künstlerischen Fragen auch die Organisationsstruktur eines Projekts genauer zu bedenken. ‚Projekt' heißt, dass es in vielen Bereichen klar definierte Ziele und Aufgaben gibt, die in bestimmten Zeiträumen zu erledigen sind.

‚Projekt' heißt auch klar definierte Ziele

Bei genauerer Betrachtung zeigt sich: Die Zeit- und Organisationsstruktur eines Projekts beeinflusst nicht nur erheblich die Intensität und die Qualität der künstlerischen Produktion, sie wird oft auch im Ergebnis selbst, direkt oder indirekt, sichtbar. Häufig lässt sich im zeitgenössischen Theater beobachten, dass die je spezifischen Produktionsbedingungen von Theater gerade nicht im Verborgenen bleiben, sondern, etwa bei der Thematisierung von Probensituationen, bewusst ausgestellt und offen reflektiert werden.

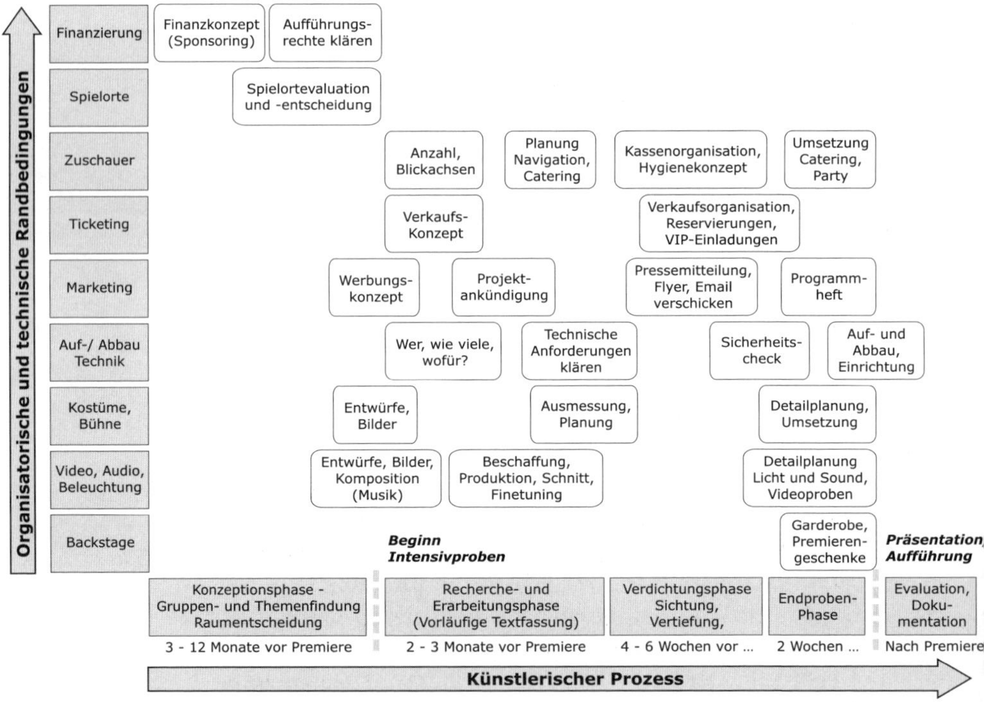

Abb. 10: Beispielhafter Zeit- und Aktionsplan für ein Theaterprojekt

Die abgebildete Projektstruktur zeigt beispielhaft, wie man sich auf einem Zeitplan einen Überblick über alle Aktivitäten verschafft und dadurch zu einer realistischen Einschätzung der Arbeitsanforderungen und Entscheidungszwänge kommt (Abb. 10). Ein solcher Überblick über die Projektstruktur macht nicht nur plausibel, warum Projekte scheitern oder unnötig an Qualität einbüßen können. Er kann vor allem helfen zu verhindern, dass zu viele erforderliche Tätigkeiten immer weiter aufgeschoben werden und sich am Ende ‚ballen' – oder dass Aufgaben doppelt erledigt werden.

Der Aktionsplan als Orientierungshilfe

Das Schaubild ist nicht als starres Gebilde, sondern als Orientierungshilfe zu verstehen, die den jeweiligen Bedingungen eines Projekts angepasst werden kann. Die x-Achse zeigt auf einer Zeitleiste den künstlerischen Entwicklungsprozess der Theaterproduktion; auf der y-Achse sind organisatorische Bedingungen angesiedelt, die diesen flankieren und ermöglichen. Bei der Differenzierung dieser beiden Perspektiven oder Aufgabenbereiche handelt es sich um eine operationale Trennung, die auf folgender Annahme beruht: Während sich Szenen im Verlauf der Proben allmählich entwickeln, bis in die Endproben noch verändern und prinzipiell auch in der Aufführungssituation noch bewusst offen gehandhabt und improvisatorisch gestaltet werden können, gibt es auf der anderen Seite klar definierte ‚Arbeitspakete', die bei der Durchführung eines Projekts zu erledigen sind und auf viele Schultern verteilt werden müssen. Anders gesagt: Die Randbedingungen sind leichter zu beherrschen, der eigentliche künstlerische Prozess dagegen zeichnet sich gerade dadurch aus, dass er in Teilen anarchisch und unkontrolliert verlaufen kann, darf oder sogar muss.

Die Feldelemente auf der Grafik repräsentieren wichtige ‚Nebenschauplätze', aus denen sich das Gesamtprodukt der späteren Inszenierung zusammensetzt. Ein großer Teil liegt in den Händen der Projektleitung und lässt sich meist nur schwer delegieren (Budgetplanung, Spielortentscheidung), auch wenn die Suche nach Sponsoren und Förderern im Einzelfall von Mitwirkenden übernommen werden kann. Vor allem hat die Projektleitung als Veranstalterin dafür Sorge zu tragen, dass die Einhaltung des gesetzlichen Rahmens für öffentliche Aufführungen rechtzeitig sichergestellt ist – von der Genehmigung der Autorenrechte bis zu den üblichen Sicherheitsstandards (Brandschutz, Sanitäter).

Verantwortung der Projektleitung

Viele Aufgaben lassen sich aber auch delegieren oder gemeinsam erledigen, zum Beispiel, wenn dafür gesorgt werden muss, dass Gäste sich in Gebäuden zurechtfinden und in der Pause oder nach der Vorstellung ein Getränk zu sich nehmen können. Einen erheblichen Aufwand bedeuten vor allem jene Aufgabengebiete, die der künstlerischen Produktion nahestehen oder eng mit ihr verknüpft sind, wie zum Beispiel die Öffentlichkeitsarbeit, die gestalterische Arbeit an Kostümen und Bühnenbild oder auch die Einrichtung der Ton- und Beleuchtungstechnik.

So wird deutlich: Neben der Konzeption, der Erarbeitung, Intensivierung und Verdichtung von Szenen besteht ein Großteil der Projektarbeit in der Koordination organisatorischer und technischer ‚Randbedingungen'. Daher empfiehlt es sich, die Organisationstruktur des Projekts zu einem frühen Zeitpunkt in einer Brainstorming-Runde zu besprechen, um effiziente Lösungs- und Umsetzungsvorschläge zur arbeitsteiligen Bewältigung in Teams zu entwickeln. Eine gute Organisation öffnet den Blick nach außen, sucht Experten und Partner, die das Projekt an geeigneter Stelle unterstützen – von den Geldgebern über technische Helfer, dramaturgische Berater oder Plakat- und Programmgestalter bis zum Testpublikum bei den Endproben. In diesem Zusammenhang wird der kommunikative Faktor von Theaterarbeit besonders deutlich, der kaum zu überschätzen ist. Insbesondere die Zusammenarbeit in so genannten Kooperationsprojekten ist beinahe zur Hälfte bestimmt durch Prozesse der Abstimmung und der Rückversicherung zwischen den Institutionen, Künstlern, Gruppen oder Lehrkräften.

Kommunikation in Kooperationsprojekten

Eine gut ausgearbeitete Detailstruktur spart Zeit und Mühe, die für den künstlerischen Entwicklungsprozess frei werden. Nicht zuletzt vermeidet ein solides Projektmanagement überflüssige Konflikte und Krisen, die durch organisatorische Probleme verursacht werden. Die Planung von Abläufen hat auch eine pädagogische Dimension. Die komplexe Wechselwirkung verschiedener Arbeitsschritte und -phasen kann mit Blick auf den Gesamtverlauf bzw. auf jede einzelne Probeneinheit für die Gruppe transparent gemacht werden.

Inwiefern die organisatorischen Randbedingungen, das Thema, das Gruppenklima und die Spielleitung produktiv waren und zum Gelingen eines Projekts beitrugen, kann durch Feedback-Runden während der Proben, aber auch rückblickend in einer Projektauswertung durch so genannte Evaluationsfragen genauer in Erfahrung gebracht werden: Was war gut? Was hätte besser laufen können? Was sollten wir so nicht wieder machen?

Projektevaluation

Der reflektierte Umgang mit Fehlern, Konflikten oder anderen Mängeln ist unerlässlicher Bestandteil einer Projektarbeit, die eine künstlerische und organisatorische Qualität gewährleisten und weiterentwickeln möchte. Die Spielleitung kann die Projektteilnehmer zu Beginn nach ihren Zielen fragen, Qualitätskriterien entwickeln und sich zum Abschluss der Projektarbeit danach erkundigen, inwiefern die anfangs formulierten Erwartungen eingelöst wurden. Als hilfreich erweist sich hier ein einfaches Cluster- oder Mindmapping-Verfahren. Die Projektteilnehmer notieren auf Stellwänden ihre Antworten und Statements zu den drei oben genannten – bewusst offen formulierten – Evaluationsfragen. An den Notizen lässt sich in der Regel bereits gut ablesen, ob die Aufgabenstellungen und Arbeitsmaterialien, die Qualität der Aufführung, persönliche Konflikte innerhalb der Gruppe oder mit der Spielleitung oder eher die räumlich-zeitliche Organisation problematisiert werden.

Durch ein solches Brainstorming-Verfahren wird einerseits geklärt, ob es der Spielleitung gelungen ist, den Probenprozess durch geeignete Maßnahmen zu unterstützen, andererseits, ob das Projekt wirklich als Freiraum für den eigenen Bildungs- und Entwicklungsfortschritt angenommen wurde. Antworten darauf, inwiefern die Proben und die anschließende Aufführungsphase neue Erfahrungen und Sichtweisen ermöglichten oder nicht, haben schließlich Auswirkungen auf die nächste Produktion (Stichwort Nachhaltigkeit).

3.4 Aufbau einer Probeneinheit

Der abgebildete Strukturplan zum Gesamtverlauf eines Projekts lässt sich – was den künstlerischen Bereich angeht – mühelos auf den Ablauf einer einzelnen Probeneinheit übertragen. Ihr methodischer Aufbau ist im Wesentlichen in vier Phasen gegliedert: Einstiegs-, Erarbeitungs-, Präsentations-, Auswertungsphase (vgl. Abbildung 11). Dieses Phasenmodell für theaterpädagogische Inszenierungsprozesse ist als Vorschlag und Orientierungshilfe zu verstehen, nicht als unabänderliches Konstrukt. Eine möglichst genaue Zeitplanung zum Beispiel ist einerseits zwar wichtig, damit keiner der vorgesehenen Probenabschnitte zu kurz kommt oder ausfällt. Andererseits sollte man, falls nötig, mit der für die einzelnen Phasen eingeplanten Zeit flexibel umgehen, die einzelnen Phasen und Probeneinheiten immer als Teil eines übergeordneten organischen Ganzen begreifen. Manchmal benötigen Kleingruppen mehr Zeit, um eine Aufgabe zu bewältigen; manchmal setzt gerade die Beschränkung auf ein enges Zeitfenster ungeahnte Produktivität frei. Der Vorschlag, lange Diskussionen durch ‚szenisches Argumentieren' zu ersetzen, zeigt, dass Erarbeitungs-, Präsentations- und Auswertungsphase schnell abwechseln oder einander durchdringen können (vgl. Seite 59). Außerdem müssen

Theaterproben flexibel gestalten

die unterschiedlichen Funktionen der Spielleitung nicht auf eine Person beschränkt und festgelegt sein (vgl. Kapitel 3.1). Gerade bei einer eher kollektiven Arbeitsform ist zu klären, wer die Probe organisiert, wer den nächsten Schritt verantwortet und methodisch gestaltet – und ob jemand benötigt wird, der die szenischen Versuche von außen beobachtet und beschreibt.

Es gibt eine ganze Reihe an Übungsangeboten und Ratgebern, die eine notwendige und hilfreiche Unterstützung für die methodische Vorbereitung von Proben darstellen. Die entscheidende Frage ist jedoch, *welche* Übungen man auswählt und wie man sie so abwandelt und anpasst, dass sie die Auseinandersetzung mit den übergeordneten Darstellungsaufgaben und -zielen voranbringen (vgl. Kapitel 6).

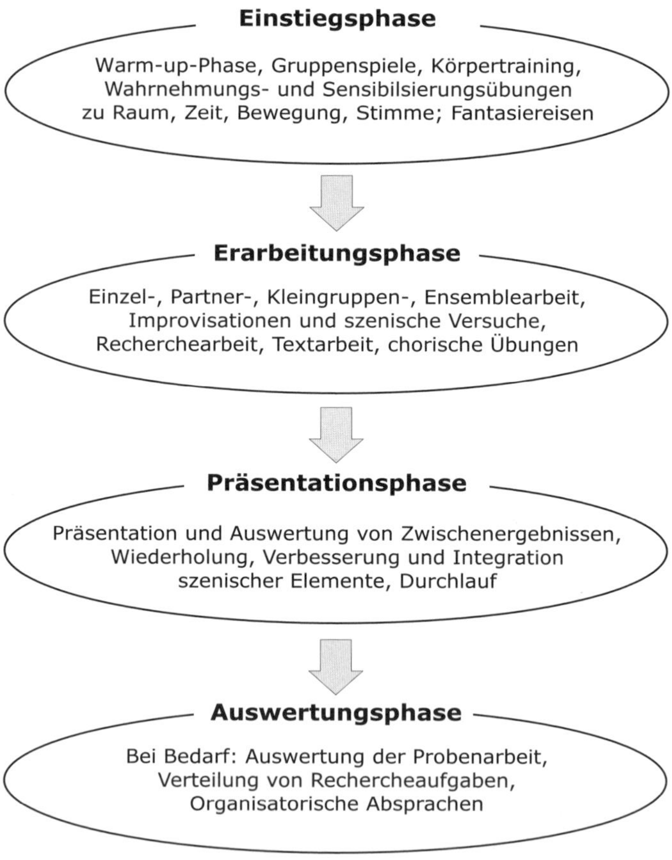

Abb. 11: Planung einer Probeneinheit
(in Anlehnung an: Hilliger 2009, 216)

Einstiegsphase

Die Einstiegsphase dient der motivierenden Einstimmung auf die gemeinsame Arbeit und wird im theaterpädagogischen Kontext oft durch geeignete Rituale und Spiele gestaltet (*warm up*). Dazu gehören zum einen grundlegende Übungen für die Gruppenfindung (Kennenlernspiele, Impulsübungen im Kreis und im Raum), zur ‚Entkonditionierung' (blind games, Übungen zur Vertrauensbildung) und Übungen, die bereits zielgerichtete Grundlagen für die konkrete szenische Arbeit vermitteln (Bewegung, Körper, Stimme). Eine gute Übungsfolge besteht aus einer abwechslungsreichen Mischung aus Einzel-, Partner- und Gruppenübungen sowie aus Phasen der Anspannung und Entspannung. Übungen haben gelegentlich auch sportiven Charakter, um Spannungen abzubauen. Nicht zuletzt geht es auch darum, die eigene Präsenz und die Aufmerksamkeit in der Gruppe zu verbessern – noch wacher, schneller und genauer aufeinander zu achten und zu reagieren.

Präsenz und Aufmerksamkeit schaffen

Die Theaterpädagogik hat eine Vielzahl von Übungen entwickelt, die gerade bei Anfängern große Begeisterung – und nur gelegentlich Abwehr – auslösen. Problematisch ist, wenn sie auf der Probe ein zu großes Eigengewicht erhalten. Im Idealfall sollte das *warm up* bereits neugierig machen auf die Bearbeitung des Themas, des Textes oder auf die geplante Arbeitsform. Einstiegs- und Erarbeitungsphase sind also sinnnvoll miteinander zu verknüpfen. Dieser methodische Aufwand lohnt sich, denn so werden bereits im Probenauftakt geeignete Verfahren vermittelt, die später in der selbständigen Arbeit in Kleingruppen aufgegriffen und genutzt werden können.

In einem fortgeschrittenen Stadium des Projekts kann in der Einstiegsphase bereits ausgewähltes, gemeinsam hergestelltes Material wiederholt und weitergeübt werden. Dafür eignen sich besonders Lieder, Bewegungsabläufe oder chorische Elemente, bei denen alle Gruppenmitglieder einbezogen sind. Überhaupt ist es ratsam, Übungen zu wiederholen. In der Wiederholung wird das gemeinsam Erfahrene und Bearbeitete erneut betrachtet und gesichert. So wird das Vertrauen in den Einzelnen und in das Ensemble gestärkt und zugleich eine Basis geschaffen für neue Ideen und Nuancierungen im Spiel. Insgesamt dient die Einstiegsphase also *nicht* dazu, beliebig viele Übungen und ‚Spielchen' hintereinander zu reihen. Sie sollte vielmehr die befriedigende und motivierende Erfahrung ermöglichen, dass die Einzelnen an sich und in der Gruppe einen Fortschritt und eine Weiterentwicklung bemerken.

Wiederholen und Üben

Erarbeitungs- und Präsentationsphase

Im Zentrum der Probenarbeit steht die Erarbeitungsphase. Am Anfang des Probenprozesses kann sie für die Auseinandersetzung mit Rechercheaufträgen, für die Diskussion von Textvorlagen (Strichfassung) oder bestimmte Gestaltungsaufgaben genutzt werden (Raumkonzept, Kostümentwürfe). Später wird in der Erarbeitungsphase an der Verdichtung, an unterschiedlichen Spieltempi, an der Verknüpfung und der Wiederholbarkeit der Vorgänge gearbeitet. Im Kern aber geht es um die Entwicklung von szenischen Vorgängen. Das bedeutet, es geht um Experimente mit unterschiedlichen Spielweisen (vgl. Kapitel 5), mit verschiedenen Besetzungen oder etwa auch mit musikalischen Grundierungen. Die Basis dafür ist eine angstfreie, also fehlerfreundliche Atmosphäre. Erst aus der Offenheit gegenüber dem Unkonventionellen, Überraschenden, Irritierenden entstehen intuitive und gemeinsame Lösungen – und Spielfreude.

Eine angstfreie, fehlerfreundliche Atmosphäre herstellen

Bei der (Weiter-)Entwicklung von Szenen ist grundsätzlich zwischen dem Probieren mit Einzelnen, in Paarkonstellationen, Kleingruppen oder mit dem Gesamtensemble im Plenum zu unterscheiden. Dazu zwei Vorschläge: Besonders bewährt hat sich zum einen die Szenenentwicklung in parallel arbeitenden Kleingruppen – die Methode also, die gleiche Aufgabenstellung an zwei oder mehrere Gruppen zu vergeben, um im Anschluss verschiedene Zwischenergebnisse und Variationen vergleichen zu können. Durch die konkurrierende Ausarbeitung von Szenen lassen sich Gemeinsamkeiten und Unterschiede der Szenen entdecken und in der Auswertung detaillierter beschreiben. Auf der Basis solcher ‚Objektivierungen' kann man im Anschluss Überlegungen anstellen, wie man eine Synthese aus gelungenen Ansätzen herstellen, wie man Szenen weiterentwickeln und verknüpfen kann.

Szenische Varianten vergleichen

Als Abwechslung zur Arbeit in Parallelgruppen bietet sich zum anderen die Kooperation in Tandems an, in denen die Spielerinnen sich in Coachingphasen gegenseitig unterstützen und gemeinsam Entscheidungen treffen. Dabei arbeiten ein Spieler A und ein Coach B im Wechsel zusammen. Zum Beispiel bei einer Übung zum bewussteren Umgang mit Gesten, die das gesprochene Wort gezielt akzentuieren: Um Stimme und Bewegung präziser zu koordinieren, wird Spieler A zunächst aufgefordert, gerade solche unwillkürlichen Gesten zuzulassen und zu vergrößern, die er beim Reden normalerweise ausführt – während er dabei Text frei improvisiert oder solche Texte rekapituliert, die er schon relativ sicher beherrscht. Coach B gibt dazu Rückmeldungen im Sinne einer positiven Bestär-

Coachingphasen einbauen

kung, das heißt, er beschreibt (nicht: bewertet!) die jeweilige Gestenproduktion und das Verhältnis der Geste zum Gesagten bzw. zur Gesamtwirkung. Dabei geht es einzig und allein darum, wie Spieler A ‚gut aussehen' und immer mehr Souveränität erlangen kann. In einem weiteren Schritt hat Coach B nun die Aufgabe, das Gestenrepertoire genauer zu strukturieren und zu ordnen – etwa ausgewählte Gesten mit bestimmten Textpassagen zu verbinden, sie zu rhythmisieren oder zu reduzieren. Zu den Zwischenergebnissen gibt Coach B erneut produktive Rückmeldungen. Jetzt wird vor allem thematisiert, was die erste Kommentierung bewirkt hat und wie man diese Wirkung noch weiter intensivieren könnte. Probieren meint hier also nicht gegenseitige Kritik, sondern die offene Suche nach einer wirkungsvolleren szenischen Aktion.

Geste und Stimme kombinieren

Frank Herdemerten: Szenisches Argumentieren im Schultheater

Die Gruppe sollte bereits im Kleinen lernen, sich szenisch zu artikulieren, denn schließlich ist es ja gerade das Ziel, mit einer Aufführung eine Botschaft darzubieten. Meist aber ist es den spielenden Gruppen nicht klar, dass sie ihre gemeinsame Aussageabsicht am günstigsten über szenische Darstellungen entwickeln können. Die häufig im Zentrum stehende Diskussion hat schon viele Gruppen derart beschäftigt, dass sie nie über das Stadium der verbalen Auseinandersetzung hinausgekommen sind und nie eine Aufführung zustande gebracht haben. Die Diskussion kann verheerend sein; sie weitgehend durch szenische Argumentation zu ersetzen, sollte jede Gruppe einmal versuchen. Neben dieser Form der gemeinsamen Suche nach dem rechten Weg hat natürlich die Diskussion ihre Berechtigung. Der Spielleiter muss nur deren eventuell zerstörerische oder zersetzende Wirkung erkennen und dazu auffordern, szenisch zu argumentieren. Das könnte heißen:

- seine Vorstellung von der geeigneten Spielform exemplarisch in einer Szene vorzustellen
- die Behauptung, bestimmte Sachverhalte seien szenisch nicht darstellbar, gerade szenisch zu widerlegen
- bei Kontroversen sich gerade die Schwierigkeiten vorzunehmen und szenisch zu bewältigen versuchen, die der anderen Partei die Zustimmung so schwer oder gar unmöglich machen

Die szenische Argumentation kann in Form einer spontanen Improvisation erfolgen. Eine einzelne Schülerin oder auch eine kleine Gruppe erklären sich bereit, ihre Vorstellung zu einer Frage der Verhaltensweisen, der Spielform, der Stimmführung, der Betonung, der Raumgestaltung usw. szenisch darzustellen. Die Evidenz ihres Tuns kann schlagend sein und langes Diskutieren überflüssig machen.

Frank Herdemerten, Spielleitung und Spielgruppe. Leitung und Selbststeuerung der Spielgruppe – ein dialogisches Prinzip (1998), Seite 57

Auswertungsphase

In der letzten Phase der Proben wird das Präsentierte gewürdigt und – bezogen auf die Zielvorstellung oder sonstige Vorgaben – besprochen. Die Gruppe beschreibt, ergänzt und verbessert das Gesehene und stellt dramaturgische Überlegungen zum Aufbau der Szenenfolge an (Kapitel 7.1). Um ein gelungenes ästhetisches Resultat zu ermöglichen und abzusichern, braucht es den kontinuierlichen Austausch bezogen auf Thema, Intention und Spielvereinbarungen. Folglich ist es wichtig, von Anfang an eine produktive Gesprächskultur zu etablieren. Geeignete Fragen, die dazu anregen, das gemeinsam Erlebte und Erfahrene zu diskutieren, lauten: Was war zu sehen? Wie hat es gewirkt? Wie kann das Material verändert oder weiterentwickelt werden? Zu was hat das Gesehene inspiriert? Wo hat es neue Anstöße gegeben, zu Veränderungen geführt?

Prinzipiell können zwei einfache Fragen im Anschluss an eine Präsentation an die Spielerinnen gerichtet werden bzw. an Zuschauer aus der Gruppe: Welcher Moment war intensiv, gut, überraschend? An was genau soll weitergearbeitet werden?

Eine produktive Gesprächskultur etablieren

Diese Impulse bieten den Vorteil, Bewertungen auszuklammern und zur individuellen Wahrnehmung und Beschreibung von Theater herauszufordern. Und immer wieder kreist die Diskussion dabei um die Frage: Was wollen wir eigentlich erzählen? Zur Beantwortung dieser Frage und zur Rekonstruktion von Probenergebnissen werden zunehmend auch Videoaufnahmen bzw. Probenmitschnitte genutzt. Es kann aber auch sehr hilfreich sein, sich externes Feedback von einem Testpublikum zu holen –, aber ebenso in Krisenmomenten, um ein grundlegendes Problem genauer zu lokalisieren. Solche ‚Tryouts' dienen dazu, möglichst viele Informationen und Sichtweisen einzuholen, die im weiteren Verlauf noch überraschend fruchtbar gemacht werden können, ohne dass sie zwangsläufig und sofort endgültige Entscheidungen herbeiführen müssen (siehe Feedbackformate).

‚Tryouts' organisieren

Regeln für produktives Feedback

Um eine neue Feedback-Kultur innerhalb der universitären Theaterpraxis zu etablieren, wurden im Masterstudiengang der niederländischen Theaterschule *DasArts* verschiedene Methoden ausprobiert und weiterentwickelt (Amsterdam, University of the Arts). Ausgangspunkt war die Feststellung, dass jede Form von

Kritik schnell ein hierarchisches Verhältnis etabliert. Daher wurden Kommunikationsformen entwickelt, bei denen die Produzierenden sich nicht rechtfertigen oder verteidigen müssen, sondern ein kollektiver Lernprozess in Gang gesetzt wird, der bereichernd wirkt für beide Seiten: die Spielgruppe und das (Test-)Publikum. Die Gruppe, die einen max. 20-minütigen Ausschnitt aus ihrer Arbeit vorstellt, wird ermächtigt, über Inhalt und Struktur des Feedbacks mitzubestimmen. Zum einen formuliert sie eine Frage (*presenter's question)*, die ihren Produktions- oder Lernprozess voranbringen soll. Zum anderen wählt sie selbst aus, welches Feedbackformat sie nutzen möchte. Wichtige Voraussetzungen für das Gelingen sind: Der Feedbackprozess wird – erstens – durch eine Moderatorin begleitet und ist gut vorbereitet (flipchart, Sitzordnung etc.). Der Austausch findet – zweitens – innerhalb eines begrenzten Zeitrahmens statt (max. eine Stunde). Außerdem wird – drittens – streng darauf geachtet, dass sich alle an die jeweiligen formalisierten Kommunikationsregeln halten. Die Feedbacksession endet schließlich damit, dass alle Flipchartnotizen, Aufzeichnungen und Briefe an die präsentierende Gruppe übergeben werden, die dann in Ruhe entscheiden kann, ob und inwiefern sie die Anregungen und Vorschläge aus dem Feedback bei der Weiterarbeit aufgreift oder nicht.

DasArts hat einen Film produziert, in dem Feedbacksessions, Ausschnitte aus künstlerischen Arbeiten und Interviews mit Dozenten und Studierenden zu sehen sind; er ist auf der Homepage der Schule zu finden: http://tinyurl.com/DasArts

Die Präsentationsphase ist in jedem Fall auch eine Art Testlauf, eine Phase der Einigung und Überprüfung. Auf dem Spiel steht nicht nur die Beobachtungs- und Beschreibungskompetenz einzelner Gruppenmitglieder oder der Spielleitung, sondern die Fähigkeit, sich zusammen über Theater zu verständigen, also die Vielfalt unterschiedlicher Wahrnehmungen innerhalb der Gruppe auszuhalten und produktiv zu machen. Selbst wenn die Ziele und Wirkungsabsichten klar gesteckt sind, empfiehlt es sich dabei, die individuelle Beschreibung und Analyse stark zu machen und sich mit Bewertungen zurückzuhalten.

Beschreiben, nicht bewerten

Um die Angemessenheit einer szenischen Lösung einzuschätzen, genügt heute nicht mehr die Frage danach, ob und inwiefern sie einer Textvorlage gerecht wird oder nicht. Angesichts einer postdramatischen oder performativen Ästhetik sind die Beteiligten vielmehr herausgefordert, andere Beschreibungs- und Bewertungskriterien auszubilden, die sich aus der jeweiligen Darstellungsaufgabe, dem ursprünglichen Konzept oder dem jeweiligen Setting selbst ergeben. Das Grundproblem der Beschreibung und

Anschlusskommunikation

Deutung aber bleibt. Es setzt nicht nur viel Training voraus, einen szenischen Vorgang exakt zu wiederholen, es ist auch schwer, ihn angemessen zu beschreiben und so zu verbessern. In der Gruppe wird sich erst im Probenverlauf ein Vokabular ausbilden, und es muss zumindest ein vages gemeinsames Verständnis von der Ausgangsidee vorherrschen, an der man die szenischen Vorschläge misst. Allerdings kann man die Kunst der Beschreibung und Deutung theatraler Phänomene auch üben, anhand kurzer Szenenbeschreibungen und Notizen in einem Probentagebuch, durch Erinnerungsprotokolle oder ganze Rezensionen nach Theaterbesuchen (vgl. Hruschka 2011). Einem theatralen Kunstwerk angemessen zu begegnen, so der Theaterwissenschaftler Hajo Kurzenberger, das heißt noch immer: „konkret beobachten, sauber trennen, genau verknüpfen und offen deuten, heißt die Spannung auszutragen und auszuhalten, die sich zwischen dem Material, der szenischen Formensprache und der so genannten Deutung ergibt. Das meint nicht, dem Subjektiven oder gar Spekulativen Tür und Tor zu öffnen. Im Gegenteil: Die Genauigkeit der Darstellung fordert Genauigkeit der Beobachtung.“ (Kurzenberger 2004, 15)

Weiterführende Literatur

Vlcek, Radim (2013) Workshop Improvisationstheater: Übungs- und Spielsammlung für Theaterarbeit, Ausdrucksfindung und Gruppendynamik (5. bis 13. Klasse). Donauwörth

Leitfragen zu Organisation und Methodik von Probenprozessen

- Wer organisiert die Probenarbeit, wer bereitet sie vor, wer leitet sie an? Wechselt die Person, die die Anleitung und den Außenblick (Regie) übernimmt? Wann wird dieser Außenblick besonders benötigt?
- Für welche Aufgabenbereiche kann die Gruppe bzw. können Einzelne aus der Gruppe Verantwortung übernehmen?
- Worum geht es in der geplanten Probeneinheit? Formulieren Sie ein Ziel.
- In welcher Weise bereiten die Übungen aus der Eingangsphase bereits auf die Darstellungsaufgaben und -ziele für die Erarbeitungsphase vor? Welche Methoden und theatralen Strategien werden in der Erarbeitungsphase angewendet?
- Wie kann eine produktive Auswertung der szenischen Zwischenergebnisse gelingen, die weiterbringt und Mut macht? Wie gestalten Sie den Reflexionsprozess (konstruktive Kritik, Feedback)?

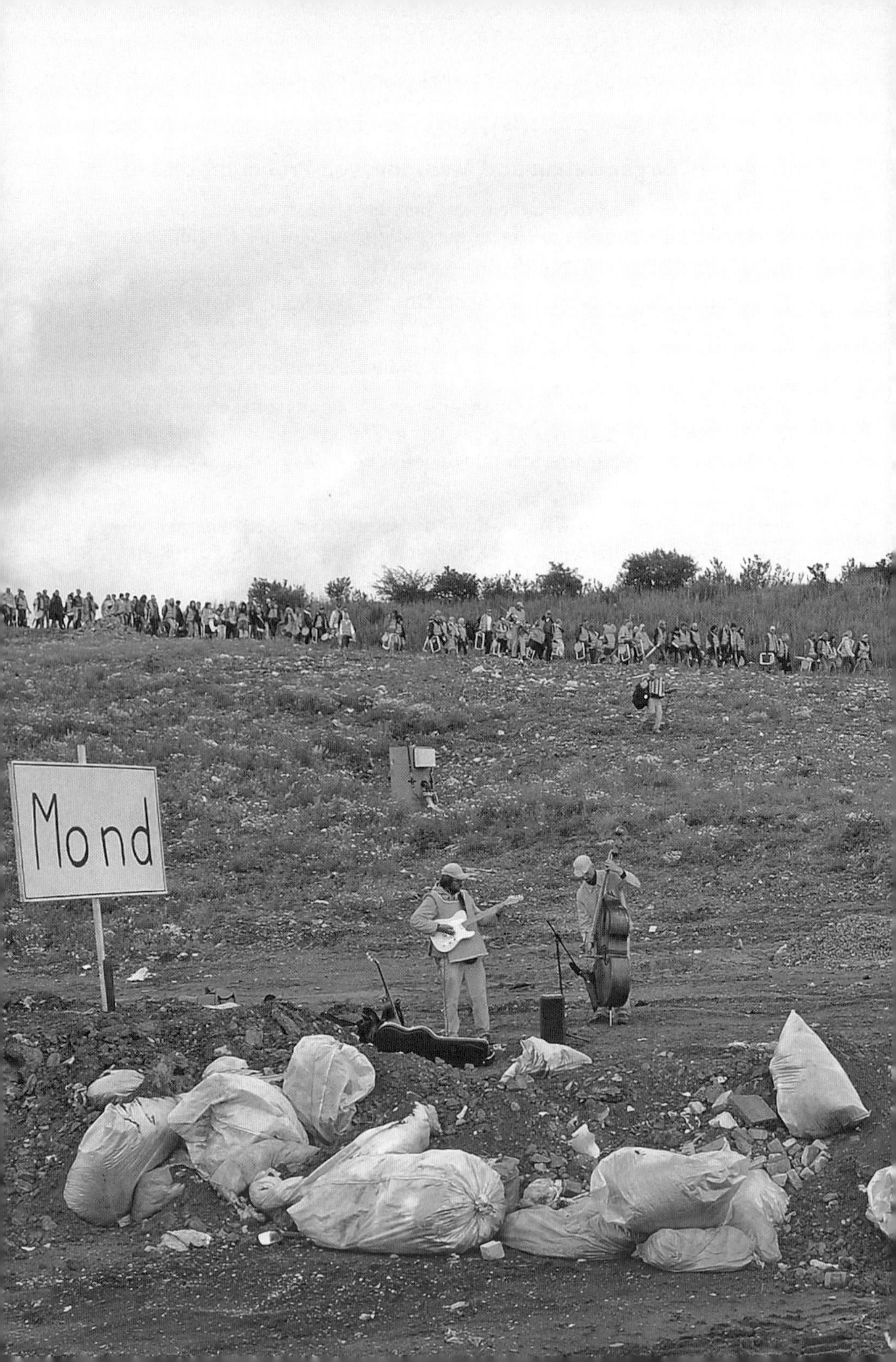
Mond

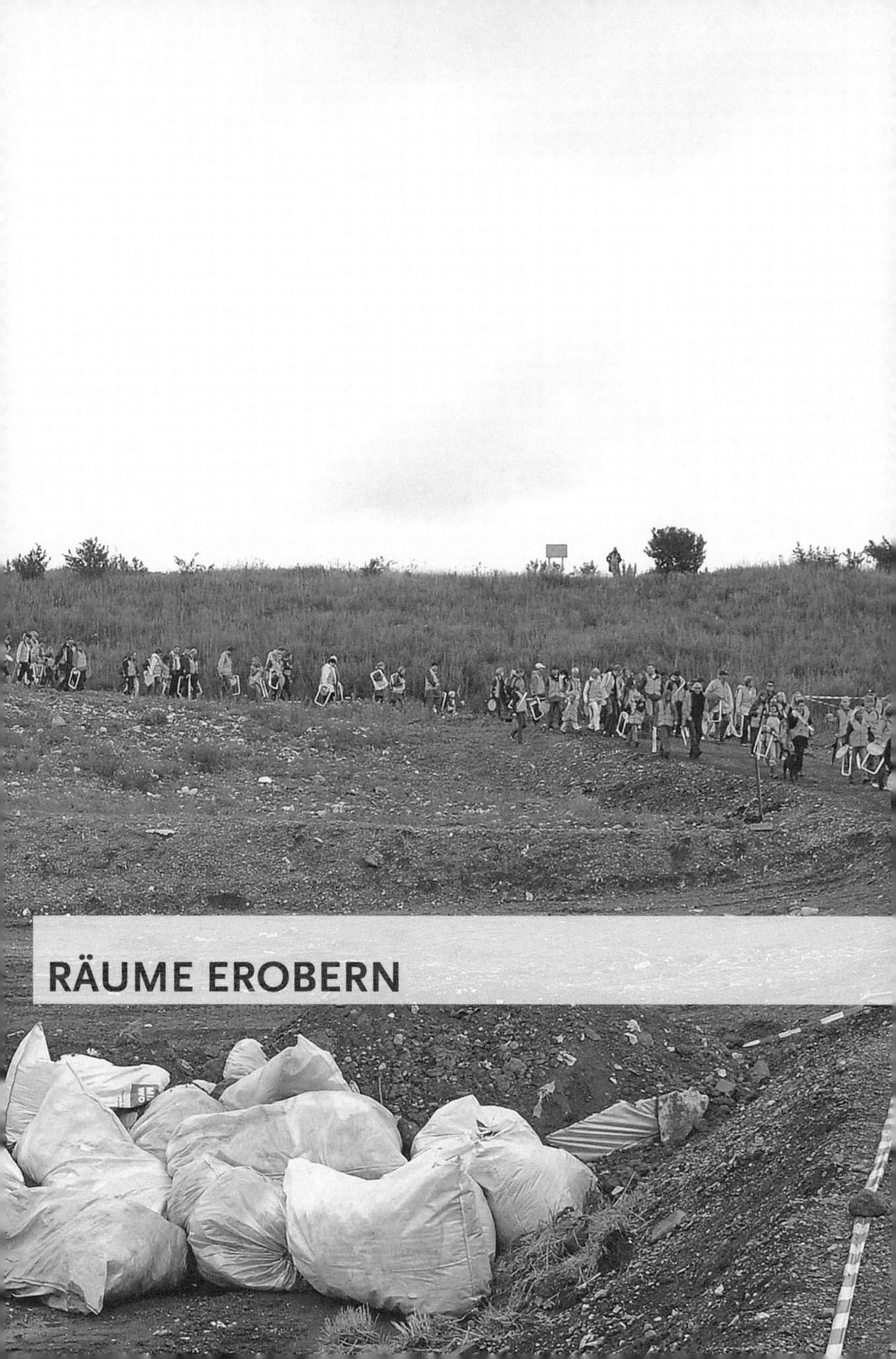

RÄUME EROBERN

Abb. 12: *Heindepark*: Das Publikum ist auf dem Weg zum Mond. Das Forum für Kunst und Kultur Heersum e.V. bespielt eine Mülldeponie in der niedersächsischen Provinz, Heersumer Sommerspiele 2009, Foto: Andreas Hartmann

4 Räume erobern

Das engagierte Theater findet heute nicht in Theaterräumen statt [...] Es gibt jetzt das Straßentheater, das Hörsaaltheater, das Kirchentheater [...]. Wozu es taugen könnte: als ein Spielraum zur Schaffung bisher unentdeckter innerer Spielräume des Zuschauers, als ein Mittel, durch das das Bewusstsein des einzelnen nicht weiter, *aber* genauer *wird, als ein Mittel zum Empfindlichmachen: zum Reizbarmachen: zum Reagieren: als ein Mittel, auf die Welt zu kommen.*

Peter Handke, Straßentheater und Theatertheater (1972), Seite 52

Die meisten Menschen verbinden mit Theater in erster Linie noch immer einen klassischen Theatersaal mit einer zentralperspektivisch angeordneten Bühnensituation, bei der die erhöhte Spielfläche – durch eine Rampe, das Bühnenportal und einen Vorhang getrennt – frontal zum Publikum verläuft. Die so genannte Guckkastenbühne, die das europäische Theater seit dem 18. Jahrhundert geprägt und dominiert hat, kommt einer kontemplativen Kunstbetrachtung entgegen. Daneben gibt es jedoch noch viele weitere Bühnenformen, die andere, weniger asymmetrische Spieler-Zuschauer-Konstellationen ermöglichen – zum Beispiel die Raumbühne, die einen ganzheitlich bespielbaren Raum voraussetzt. Außerdem findet Theater heutzutage selbstverständlich auch jenseits der angestammten Theatergebäude statt – in leerstehenden ehemaligen Lagerhallen, Privathäusern, Geschäften, Kneipen, auf Parcours in der Großstadt oder auf dem Land.

Theaterfremde Orte

Theater in der Lagerhalle

Studierende der Hildesheimer Kulturwissenschaften nutzten im Projektsemester 2008 zunächst eher abweisende, theaterfremde Lagerhallen als Schauplatz für die Vergegenwärtigung von Figuren und Motiven aus William Shakespeares *Ein Sommernachtstraum* und *Der Sturm*. Die ehemaligen Speicher boten keine gewohnte Bühnenperspektive, dafür aber eine starke eigene Raumwirkung, die dazu aufforderte, diese Wirkung künstlerisch zu unterstreichen oder sie zu stören und zu verändern. Immer wieder war es in diesem Arbeitsprozess wichtig, Ideen am Modell oder in szenischen Versuchen zu konkretisieren und zu überprüfen (siehe

Abb. 13). Bei der ersten Raumbegehung mit einer Gruppe von 40 Studierenden stellten sich u. a. die folgenden Fragen:

- Wie wirkt dieser Raum atmosphärisch? Wie ist die Akustik?
- Wo gibt es Auftrittsmöglichkeiten?
- Wie ließe sich der Schauplatz im Zuge der Aufführung prozessual verändern und verwandeln?

Theater im 21. Jahrhundert zeichnet sich aus durch die Nutzung der unterschiedlichsten Bühnen- und Aktionsräume. Auch im aktuellen Fachdiskurs der Theaterpädagogik werden die „Bildungspotenziale aufgeführter Räume“ besonders hervorgehoben (Westphal 2012, 10). Demnach entwickeln sich Bildungs- und Lernprozesse nicht losgelöst von ihrem jeweiligen räumlich-materiellen Setting. Prinzipiell geht man davon aus, dass kreative und pädagogische Prozesse aus dem Zusammenspiel mit der Umgebung entscheidende Impulse erhalten: Mit Blick auf die Architektur und Ausstattung von Schulen gilt die Raumgestaltung manchem sogar als eine Art ‚dritter Pädagoge‘ – nach dem Lehrer, der Lerngruppe und neben der zeitlichen Rhythmisierung von Unterricht.

Der Raum als Pädagoge

Die folgenden Überlegungen beschäftigen sich mit der Wechselbeziehung zwischen Raumkonzept und Theaterform unter theaterpädagogischen Gesichtspunkten. Anhand von Beispielen und Modellen soll deutlich werden, dass durch die Entscheidung für einen Raum ein bestimmter Begriff von Theater und somit ein Rahmen vorgegeben ist, in dem sich die inszenatorische Arbeit bewegt.

4.1 Vom leeren Raum zum Theaterlabor

Ich kann jeden leeren Raum nehmen und ihn eine nackte Bühne nennen. Ein Mann geht durch den Raum, während ihm ein anderer zusieht; das ist alles, was zur Theaterhandlung nötig ist.

Peter Brook, Der leere Raum (1969), Seite 27

Peter Brooks berühmtes Diktum, dass jeder leere Raum als Bühne dienen könne, ist vor allem als Ermutigung zu verstehen. Schöpferische Räume können demnach prinzipiell „überall entstehen, solange sie bewusst gewählt und gestaltet werden“; sie wirken jedoch vor allem dann motivierend und anregend, wenn sie einen „ablenkungs- und unterbrechungsfreien Rahmen" bieten, damit sich Aufmerksamkeit und Konzentration einer Gruppe füreinander und für das gewählte Thema einstellen können (Sachser 2009, 303). Aus diesem Grund wird auf die behutsame Erkundung von Räumen durch die Gruppe in theaterpädagogischen Praxis-Ratgebern besonderer Wert gelegt.

Theaterarbeit benötigt einen geschützten Probenraum

In vielen Bildungseinrichtungen findet Theater grundsätzlich in einer Aula, der Sporthalle oder einem Mehrzweckraum statt. Solche Voraussetzungen können sich in mehrfacher Hinsicht als problematisch erweisen: Zum einen wird allzu oft übersehen, dass nichtprofessionellen Akteuren kleinere Räume und eine größere Nähe zum Publikum bei ihrer Darstellung helfen und entgegenkommen können. Zum anderen erscheinen solche Veranstaltungsorte auch unter künstlerischen Gesichtspunkten als ungeeignet, wenn ihre Alltagsfunktion, ihre Beschaffenheit und ihre Atmosphäre im Spiel nicht reflektiert und einbezogen werden. Insofern sollte ein neu eroberter ‚leerer' Raum durch Gestaltung und theatrale Aktion auch bewusst hinterfragt und künstlerisch transformiert werden.

Theaterarbeit benötigt in der Regel einen geschützten Probenraum, der möglichst uneingeschränkt genutzt werden kann – nicht unbedingt eine Bühne im herkömmlichen Sinn also, sondern Platz. An vielen universitären Ausbildungsinstitutionen für Theaterschaffende wurden daher ehemalige Mensen, Hörsäle, Kellerräume oder Industriehallen zu multifunktionalen Probenräumen mit einer mobilen Zuschauerpodesterie umgebaut, die unterschiedliche Spieler-Zuschauer-Konstellationen erlauben (siehe Exkurs zur Einrichtung eines Theaterraums auf Seite 71).

Multifunktionale Probenräume

Ein solcher Raum dient zunächst als neutrale Arbeitsfläche für Spiele und konsequenzfreies Handeln, für Übungen und szenische Experimente – wie ein weißes Blatt, das nun mit Körpern und Gesten beschrieben und dem Publikum schließlich zur Lektüre vorgelegt werden kann. Der Probenraum gleicht damit einem Versuchslabor, in dem Experimente zur Wahrnehmung und Interaktion durchgeführt und somit Beziehungen zwischen Menschen innerhalb eines kontrollierbaren Rahmens reflektiert werden können. Der aus der Wissenschaft stammende Begriff des ‚Labors' unterstreicht den Anspruch, Wissen zu produzieren – über ein Thema, über die Mitwirkenden, aber auch über das Medium Theater als Zeichensystem und als Produktionsform (vgl. Matzke 2012b). Man kann, um nur einige Beispiele zu nennen, die Funktion und Bedeutung von Auf- und Abtritten erproben,

Nähe und Distanz der Spieler zueinander in ihrer Raumwirkung austesten, Übungen zur Geste oder zur Wahrnehmung von Zeit durchführen. Man kann die symbolische, narrative oder atmosphärische Qualität von Requisiten und Alltagsdingen szenisch überprüfen; so können Spielobjekte, Puppen, Kostümteile oder Bühnenaccessoires ebenso zum Untersuchungsobjekt werden wie Alltagsgeräusche, Sounds und Klänge. Man kann die Technik erforschen, in einem leeren Raum mit nur wenigen Worten fiktionale Welten zu erschaffen (‚Wortkulisse' bei Shakespeare) – oder man kann räumliche Anordnungen nachstellen, die aus dem Alltag oder den Medien bekannt sind, um sie im Theaterrahmen spielerisch zu bearbeiten (Therapiekreis, Gericht, Klassenraum, Talkshow).

Theatralität des Alltags bearbeiten

Doch ganz gleich, ob es darum geht, eine fiktionale Welt zu erschaffen oder eher darum, Ereignisse aus Alltag unter klar definierten Rahmenbedingungen nachzuspielen – oft liegt der Reiz in der Beschränkung, in der Entscheidung für eine klar definierte Versuchsanordnung. Es bedarf tatsächlich nur wenig, um grundlegende Elemente des Theaters in ihrer Korrespondenz und Wechselwirkung zu untersuchen: einen Stuhl, ein Podest, ein Vorhang, etwas künstliches Licht; als Handwerkszeug für künstlerische Experimente kommen eventuell die Kamera, das Mikrophon oder der Laptop hinzu.

Weniger ist mehr

In der Laborsituation des Theaters wird ein räumliches Arrangement im Hinblick auf bestimmte Darstellungsaufgaben eingerichtet, das auch wieder verändert werden kann. Im Laufe des Probenprozesses manifestiert sich schließlich eine Spielsituation mit bestimmten Aufbauten und Settings, die die beabsichtigte Wirkung verstärken. Dabei ist zum einen zu klären, inwiefern die Bühnenbauten und -materialien eine Herausforderung und ein produktives Hindernis für die Spieler darstellen sollen (vgl. Kapitel 6.2), zum anderen, welche Position und welche Funktion oder Rolle man dem Zuschauer zuweist und ob die Bühne und ihre Ausstattung sich für das Publikum im Laufe der Aufführung verändern. Im Theaterlabor lässt sich idealerweise flexibel entscheiden, wie man die Spielfläche platziert: frontal zum Publikum wie bei der konventionellen Guckkastensituation, zentral inmitten der ringsum verteilten Zuschauer oder auch umlaufend, so dass die Zuschauer – am besten auf drehbaren Stühlen – sich verschiedenen Richtungen zuwenden.

Prozessuale Bühne

Die Einrichtung eines Theaterraums

Bei der Einrichtung eines geeigneten Raums für die Proben und ggf. für die Aufführung sind folgende Anforderungen und technische Bedingungen zu berücksichtigen bzw. zu prüfen:

1. Nutzungsbedingungen: Ein Probenraum sollte eine möglichst ungestörte Probenatmosphäre ermöglichen. Ideal ist ein Raum, in dem das jeweilige Probensetting samt technischer Ausstattung (Licht, Ton, Projektion) nicht nach jedem Treffen wieder auf- und abgebaut werden muss.
2. Maße: Der Raum sollte über genügend Deckenhöhe für die Beleuchtungskörper (mindestens 3 m) und über eine ausreichende Größe verfügen (100–120 qm^2 einschließlich Spielfläche), um potentiell Platz für 50 bis 80 Zuschauer zu bieten. Es empfiehlt sich ein mobiles Tribünensystem mit Bestuhlung. Um Bühnenstandorte frei wählen zu können, sind feste Einbauten auf dem Boden zu vermeiden. Der Boden sollte mit schwarzem Tanzboden ausgelegt sein, um körper- und bewegungsorientiertes Arbeiten zu ermöglichen. Idealerweise besteht Zugang zu einem nahegelegenen, weiteren Raum, der bei Bedarf als Techniklager bzw. als Garderobe benutzt werden kann.
3. Technik: Der Raum sollte – optional – vollständig verdunkelbar sein, falls Theaterlicht präzise eingesetzt werden soll. Ein umlaufender schwarzer Molton-Vorhang kann flexibel in einzelne Abschnitte eingeteilt werden, sodass Aussparungen für vorhandene Türen und ‚Auftritte' bleiben. Die Lichtanlage sollte im Idealfall eine Dimmeranlage und ein digitales Steuerpult, die Tonanlage einen Verstärker und ein Tonpult umfassen. Um Technik flexibel einsetzen zu können, ist der Einbau einer – möglichst umlaufenden – Beleuchtungstraverse denkbar.
4. Sicherheit: Bei Veranstaltungen muss auf Sicherheits- und Brandschutzbestimmungen geachtet werden: Bestuhlung und Fluchtwege, Notausgangskennzeichnung, Feuerlöscher, Stufenbeleuchtung der Tribüne, Notbeleuchtung im Saal. Nicht zuletzt ist zu bedenken, wie das Publikum großzügig und einladend behandelt werden kann: Kartenverkauf, Zugang zu sanitären Anlagen, Garderobenständer, Getränkeverkauf.

Weiterführende Literatur:

Ziemke, Tilman; Lipsius, Stefan (2015) Bühne und Beleuchtung. Bühne, Bühnenbau und Bühnenlicht im Schul- und Amateurtheater. Weinheim

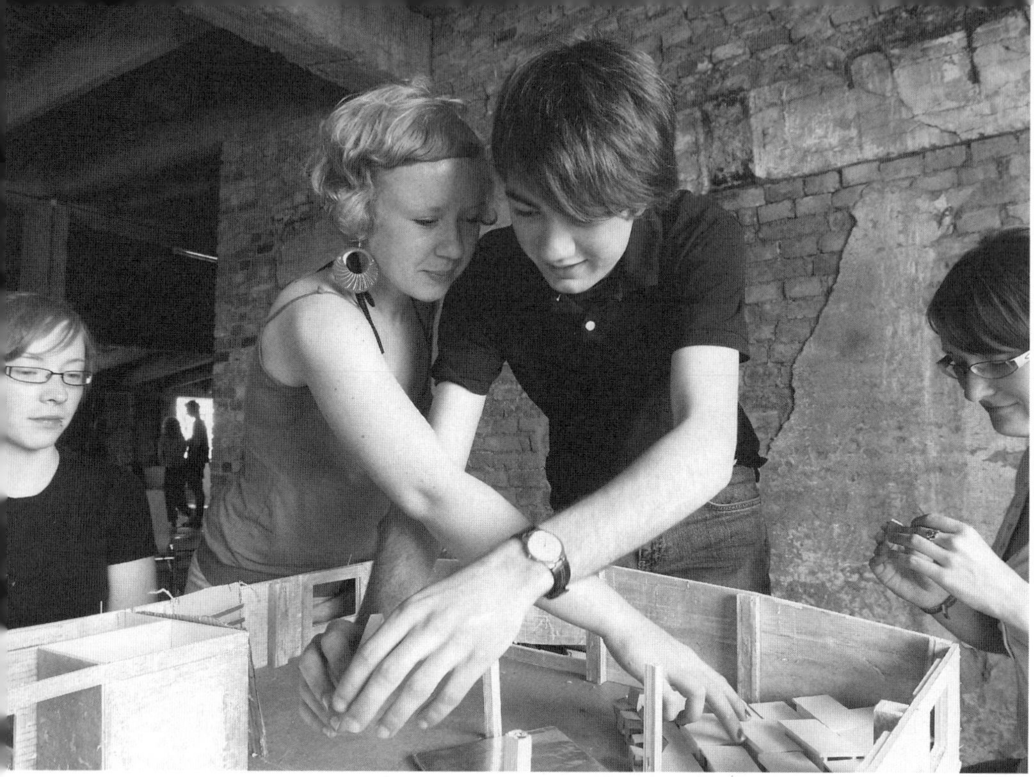

Abb. 13: Studierende aus der Szenografiegruppe arbeiten am Bühnenmodell für *Shakespeares Sommernachtstraum*, Projektsemester Shakespeare:08, Universität Hildesheim 2008 (Leitung: Siegfried E. Meyer, Judth Kästner)

4.2 Theaterfremde Orte: Die Schule als Bühne

Das Fehlen eines eigens für den Theaterunterricht vorgesehenen Raumes kann auch erfinderisch machen, etwa wenn Alltagsräume in Bildungseinrichtungen eine ungewohnte Nutzung erfahren. In den letzten Jahren haben eine Reihe von Theaterproduktionen auf sich aufmerksam gemacht, die bewusst mit der Theatralität des Schulbetriebs spielen und dabei von den jeweils vorgefundenen architektonischen Bedingungen ausgehen: *Hauptschule der Freiheit, komA, NoGoLab* oder *X-Schulen* heißen Projekte, die von professionellen Theatern im Zusammenspiel mit Schulen initiiert und durchgeführt wurden und die beispielhaft den Sozialraum Schule in Szene setzen.[3] Schauplatz ist hier jedoch weder die klassische Schul-Aula noch das Klassenzimmer,

[3] Die genannten Produktion wurden von professionellen Theatern initiiert und durchgeführt; in der Reihenfolge der Nennung waren beteiligt: Münchner Kammerspiele, Schauspiel Hannover, Deutsches Theater Göttingen, Hebbel am Ufer Berlin.

vielmehr wird die ganze Schule zum Kunstort. Im Zentrum dieser Theaterarbeit an und mit Schulen steht oft die Idee, Unterrichtssituationen als Performance zu begreifen und mit absurden Geschichten anzureichern. Schülerinnen leiten nun den Unterricht, die Zuschauer absolvieren an unterschiedlichen Stationen einen ‚Stundenplan' (*Hauptschule der Freiheit*). Oder das Publikum erlebt parallel in kleinen und größeren Gruppen stressige Schulsituationen in Klassenzimmern, wechselt laufend die Schauplätze durch lange Schulflure, bevölkert beengte Jungen-Klos, Computerräume, Pausenhallen und Mal-Ateliers (*komA*).

Schule als Kunstort

Kooperationen zwischen Theater und Schule

Im Sommer 2009 bezogen Theaterschaffende der Münchner Kammerspiele ein leerstehendes Schulgebäude in Schwabing, verwandelten es mit Hilfe des gesamten Theaterapparats in eine ansprechende ‚location' – und lockten dann Jugendliche aus zwei benachbarten Hauptschulen zur Theaterarbeit (vgl. Umpfenbach 2010). Gegründet wurde schließlich die „Hauptschule der Freiheit" – eine Schule, „die die brachliegenden Potenziale der Schüler sichtbar machen sollte, eine Schule, die vor allem vor Augen führte, welche Kraft, welche Geschichten, welche Fähigkeiten die Gesellschaft vergeudet, wenn sie sich weiterhin nicht oder nur sehr schlampig um diese Jugendlichen kümmert" (Bicker 2011, 199).
Gelungene Beispiele für die Zusammenarbeit zwischen professionellen Theatern und Schulen liefert auch das Kooperationsmodell *TuSch*, das sich in Berlin, in Hamburg und andernorts bewährt hat, auch weil es sich – stärker als vereinzelte Leuchtturmprojekte – an den Prinzipien der Nachhaltigkeit und der Breitenwirksamkeit orientiert: Je ein Theater und eine Schule verpflichten sich hier für einen Zeitraum von mindestens zwei Spielzeiten bzw. Schuljahren zu einem intensiven Austausch, der jeweils in eine Inszenierung mündet, die an den beteiligten Kooperationsinstitutionen aufgeführt wird – und in einer Festivalwoche, die alle *TuSch*-Projekte der Stadt bündelt. *TuSch*-Mitarbeiter, die von den Bildungsbehörden oder anderen Förderern zusätzlich finanziert werden, übernehmen innerhalb des Modells die Krisenmoderation und die Qualitätssicherung, d. h. sie fungieren als dritter Partner, der zwischen zwei möglichst gleichberechtigten lernenden Systemen vermittelt. *TuSch*-Partnerschaften werden in Berlin und Hamburg bereits seit über zehn Jahren realisiert – mit allen Schul- und allen Theaterformen, vom hochsubventionierten Theater über Freie Theater bis zu Privattheatern.

Weiterführende Literatur:
Sting, Wolfgang; Mieruch, Gunter u. a. (Hg.) (2012) TUSCH: Poetiken des Theatermachens. Werkbuch für Theater und Schule. München
(Eine dem Buch beiliegende DVD bietet Einblicke in die *Tusch*-Arbeitsprozesse.)

In unserem Zusammenhang dienen diese hier nur sehr grob skizzierten Projekte nicht zuletzt als Beispiele für einen innovativen Umgang mit Alltags- und Sozialräumen. Anders als das Theaterlabor ist der Sozialraum Schule bereits mit Bedeutungen aus dem Alltag aufgeladen, die im Zuge seiner Theatralisierung nun bearbeitet, verschoben oder durch eine zweite, symbolhafte Realität überlagert werden.

Zum einen handelt es sich also um gelungene Beispiele für ein ortsspezifisches Theater, das sich aus der inhaltlichen Auseinandersetzung mit dem Ort und der Institution entwickelt, an dem es stattfindet. Zum anderen geht es um ein Stationentheater, das inmitten der Schule durch wenige Eingriffe theatrale Inseln der Aufmerksamkeit schafft. Dabei verwandelt sich der vertraute Alltagsort in der Aufführungssituation zu einem „intimen Interaktionsraum", der „die Wahrnehmung und das Erleben einer körperlichen Gegenwart der Interaktionspartner [steigert]" (Wartemann 2005, 104).

site-specific-theatre

Der reale Ort trägt hier auch unter inhaltlichen Gesichtspunkten dazu bei, die theatral bearbeiteten Themenstellungen, z.B. Träume, Ängste oder Zukunftsvisionen der Spieler, zu beglaubigen. Insofern schärfen die genannten Aufführungen das Bewusstsein für die Haltungen und Hierarchien, die im System Schule eng mit den vorherrschenden Raumordnungen korrespondieren. Dadurch legen sie offen, wie abgezirkelt die raum-zeitlichen Bedingungen von Schule oft sind. Alltagsroutinen, eingespielte soziale Choreografien, Regeln und Rollen innerhalb der Bildungseinrichtung werden im Zuge der Theaterarbeit hinterfragt. Diese temporäre Unordnung, die durch die Theatralisierung von Schule entsteht, birgt daher ein wichtiges Potential für die Kritik, Neustrukturierung oder Weiterentwicklung schulischer Institutionen (vgl. Hilliger 2012).

Schule als soziale Choreografie

Weiterführende Literatur

Hilliger, Dorothea (2006) Raumerfahrung und Gestaltung von Bühnenräumen. In: (dies.) Theaterpädagogische Inszenierung. Beispiele – Reflexionen – Analysen. Milow, S. 151–180

Kahl, Reinhard (2004) Treibhäuser der Zukunft. Wie in Deutschland Schulen gelingen. DVD 2, Hamburg. Siehe online unter: www.archiv-der-zukunft.de

Abb. 14: *komA*: Das junge Schauspiel Hannover setzt ein Stück von Volker Schmidt und Georg Staudacher mit Jugendlichen und professionellen Schauspielern an der Tellkampfschule in Szene, 2010 (Regie: Mirko Borscht), Foto: Karl-Bernd Karwasz

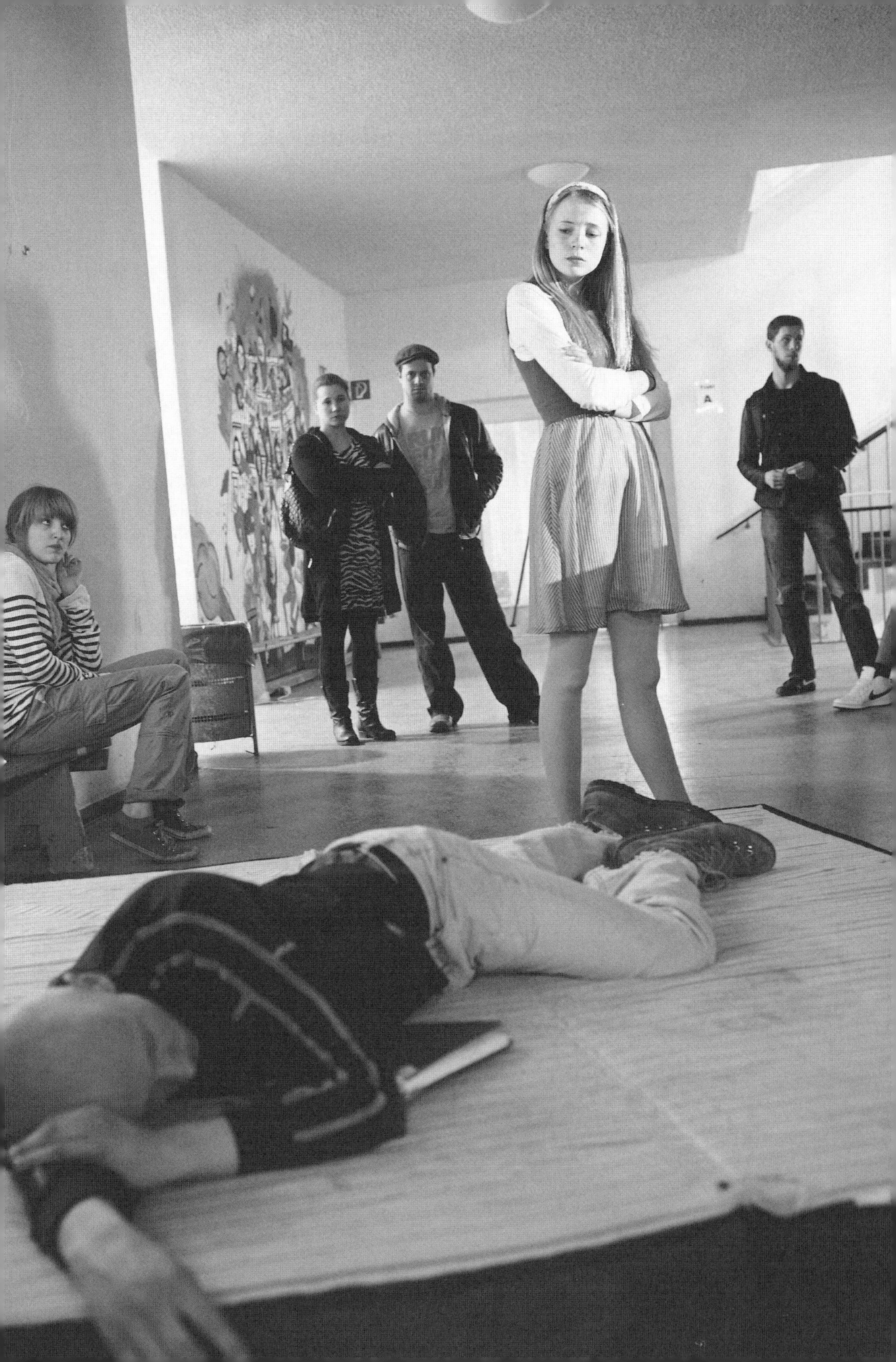

4.3 Interventionen im öffentlichen Raum

Auch öffentliche Orte und Erlebnisräume in der Stadt, urbane Architekturen oder ganze Landschaften können zum Thema und zum Ausgangspunkt von Inszenierungen werden. Viele Aufführungen des zeitgenössischen Theaters finden jenseits der klassischen Theatergebäude statt. Nicht nur die Stadt- und Staatstheater öffnen sich, bespielen theaterfremde Orte wie Museen, Hotels oder leerstehende Fabrikhallen, organisieren Parcours über Hinter- und Probebühnen oder durch Stadtviertel.

Theatraler Rundgang, Audiowalk, Schnitzeljagd

Vor allem freie Theater und Performance-Kollektive haben in den letzten Jahren Formate entwickelt, die den Zuschauer dazu bringen, öffentliche Orte im Rahmen eines Stationentheaters neu und anders wahrzunehmen. Dabei müssen die Zuschauer „aktiv werden und die Aufführungen im Voranschreiten, im Befolgen von Instruktionen oder im Rahmen eines Rollenspiels selbst hervorbringen, erarbeiten, gestalten" (Umathum 2015, 68).

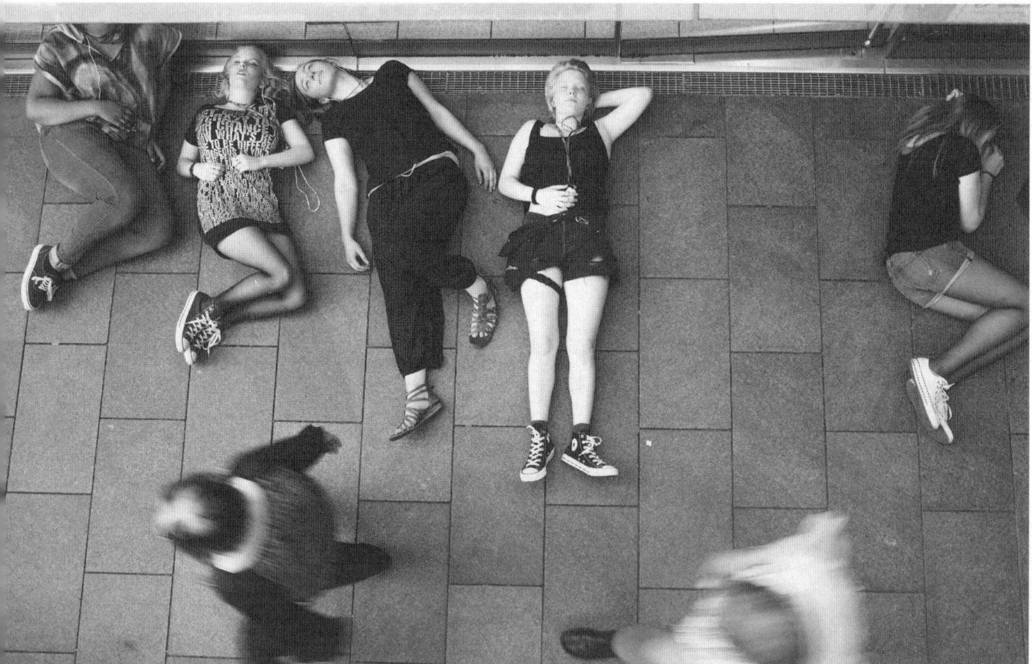

Abb. 15: *Radioballett*: Die Künstlergruppe *LIGNA* initiiert per Radiofrequenz Übungen in abweichendem Verhalten an ehemals öffentlichen, inzwischen privatisierten und kontrollierten Orten, Schultheaterfestival *Jugend spielt für Jugend* am Schauspiel Hannover 2015, Foto: Nick Neufeld

Landschaftstheater

Seit mehr als 20 Jahren organisiert das Forum für Kunst und Kultur Heersum e.V. die „Heersumer Sommerspiele“, die in jedem Jahr von anderen architektonischen und geografischen Gegebenheiten in der niedersächsischen Provinz nahe Hildesheim ausgehen. Es handelt sich um ein modernes, trashiges Open-Air-Volkstheater, das auf wechselnden Landschaftsbühnen regionale Themen mit populären Stoffen verwebt.

Die Landschaft ist innerhalb dieses Stationentheaters jedoch nicht bloß Kulisse, sondern Teil eines komplexen Theaterbildes, das Darsteller und Handlung, Musik und Kostüme, fahrbare Kulissen und das Publikum in je spezifischer Weise zueinander in Beziehung setzt (siehe Abb. 12). Die Weite einer natürlichen Umgebung ist dabei besonders geeignet, mit großen Entfernungen, mit Nähe und Distanz zu spielen – etwa, wenn einige Spieler in unmittelbarer Nähe zum Publikum agieren und sich gleichzeitig aus weiter Ferne ein Gefährt oder eine Gruppe anderer Spieler nähert.

„Wir gehen zum Bühnenbild hin“, lautet eine der Regeln, die der Regisseur Uli Jäckle für dieses ungewöhnliche Volkstheater aufgestellt hat. Die Zuschauer wandern bei den vier bis fünf-stündigen Aufführungen von einem Spielort zum nächsten, weshalb Jäckle für dieses Stationentheater in freier Landschaft auch den Begriff „Trekkingtheater“ vorschlägt: „Wichtig ist es, das Publikum in Bewegung zu halten. Man sollte unterwegs nie länger als eine Viertelstunde verweilen. Die Zuschauer sitzen auf ausgeteilten Hockern und suchen sich ihren Platz selbst. Um die Geschichte gut zu Ende zu erzählen, kann man das Publikum zum Schluss maximal eine dreiviertel Stunde Platz nehmen lassen. Das ‚gesetzte' Finale bündelt und verdichtet die Geschichte, die erzählt wird.“ (Jäckle 2012, 9)

Aus einem soziokulturellen Modellversuch hat sich mittlerweile ein alljährliches Großevent entwickelt, an dem bis zu 250 nichtprofessionelle Akteure unterschiedlichen Alters vor 500 bis 1000 zahlenden Zuschauern pro Aufführung mitwirken. Professionelles Theaterschaffen verbindet sich dabei mit theaterpädagogischen Prinzipien: Die Wahl der Spielorte hat immer mit dem Versuch zu tun, Theater über, für und mit Menschen zu machen, die sich sonst nicht als ‚klassische‘ Theaterinteressierte verstehen und ein Familienereignis der besonderen Art suchen (vgl. Radermacher 2014).

Weitere Informationen zu den Heersumer Sommerspielen:
Forum für Kunst und Kultur Heersum e.V. (Hg.) (2012) Die Chroniken von Heersum. Von der Steinzeit zur Sternzeit. Hildesheim
http://www.forumheersum.de/

Auch im theaterpädagogischen oder soziokulturellen Bereich bewegen sich manche Projekte bewusst in der Tradition der Performance Art und theatraler Protestbewegungen, also zwischen politischer und künstlerischer Aktion. Ein Beispiel: Im Rahmen des Seminars „Politisches Theater" erforschen Studierende theatrale Möglichkeiten im Umgang mit öffentlichen Räumen in der Innenstadt Hannovers. Dabei machen sie es sich zur Aufgabe, den Bereich an den Eingängen zur U-Bahn als privaten Bereich in Besitz zu nehmen und zu ‚bewohnen' (Yoga, Picknick, Schlafen). Bei ihren Versuchen, Privatheit in der Öffentlichkeit herzustellen, müssen sie jedoch schnell feststellen, dass der so genannte öffentliche Raum den Bürgerinnen und Bürgern keineswegs gehört, sondern bestimmten Zugangsbeschränkungen und Regelungen unterliegt, die äußerst restriktiv gehandhabt werden (vgl. Matzke 2011). Nach nur wenigen Minuten erscheint das Personal eines privaten Sicherheitsdienstes, das die Realisierung des Vorhabens unmissverständlich untersagt.

Performance zwischen politischer und künstlerischer Aktion

Beim zweiten Versuch andernorts in der Fußgängerzone markieren die Studierenden mit Kreide die Grundrisse eines Wohnhauses auf dem Asphalt und vollziehen ‚private' Handlungen wie innerhalb einer imaginären Wohnung. Nur durch wenige Handgriffe wird eine zweite, symbolhafte Wirklichkeit etabliert. Während manche Passanten im Vorübergehen verständnislos die Köpfe schütteln oder die Aktion ignorieren, bleiben andere amüsiert stehen oder unterbrechen ihre Arbeit und beobachten das seltsame Geschehen aus der Ferne. Dieser ‚Einbruch des Privaten' stellt Aufmerksamkeit her und führt dazu, dass der öffentliche Raum nicht mehr als diskrete Tatsache wahrgenommen wird. Solche ortsspezifischen Aktionen thematisieren Verhaltenskonditionierungen in öffentlichen Räumen, reflektieren die soziale oder mediale Konstruktion äußerer Wirklichkeiten. Der Philosoph Michel Foucault hat die so entstehende Schwellenerfahrung im Umgang mit Räumen als „Heterotopien" bezeichnet. Darunter versteht er grundsätzlich „Orte, die in die Einrichtung der Gesellschaft hineingezeichnet sind, sozusagen Gegenplatzierungen oder Widerlager, tatsächlich realisierte Utopien, in denen die wirklichen Plätze innerhalb der Kultur gleichzeitig repräsentiert, bestritten und gewendet sind" (Foucault 1991, 39).

Urban Staging

Theater als „Laboratorium sozialer Phantasie" (Heiner Müller)

Die vorangegangenen Überlegungen und Beispiele werden im Folgenden noch einmal zusammengefasst:

„Theater ist Raumkunst" (Max Herrmann)

Erstens: Theater braucht Raum, und die Räume des Theaters können vielfältig sein. Auch wenn sie bei Projektbeginn schon feststeht oder festzustehen scheint: Die Entscheidung für einen

Spielort, an dem der Proben- bzw. der Aufführungsprozess stattfinden soll, hat bei der Theaterarbeit weitreichende Konsequenzen. Vor allem gilt es sich immer wieder bewusst zu machen, in welcher Weise das räumliche Setting die Zuschauer konfrontiert, einbezieht oder in Bewegung setzt. Theaterarbeit mit ‚Laien' kann von der Experimentier- und Laborsituation eines geschützten Raums profitieren, aber auch Alltagsräume, urbane Architekturen oder ländliche Gegenden eröffnen besondere Möglichkeiten, Erfahrungen mit dem Medium Theater zu machen. Räume prägen die jeweilige Theater*form* und deren Wirkung. Während wir sie im Alltag häufig einfach als ‚gegeben' erfahren, sollten sie als Ausgangs- und Bezugspunkt des Theatermachens besondere Beachtung finden. Ausgehend von ihren räumlichen Bedingungen sind die theatralen Vorgänge und Situationen während der Proben zu bedenken und zu bearbeiten (Produktion); schließlich bestimmen diese auch die Kommunikationssituation zwischen Zuschauern und Akteuren in der späteren Aufführung (Rezeption).

Historischer Abriss

Zweitens: Die skizzierte Entgrenzung des Theaterraums geht auf eine variantenreiche theatergeschichtliche Entwicklung zurück. Die Eroberung alternativer Spielstätten durch Amateurtheater oder Gruppen aus der Freien Szene seit den späten 1960er Jahren hat das Theatermachen belebt und bereichert: vom Theater in Werkräumen, Studios oder Fabriken über Straßen-, Landschafts- oder Freilichttheater bis hin zu den gegenwärtigen Versuchen, die räumliche Gebundenheit von Theater durch die Einbeziehung neuer medialer Räume und Apparate zu überschreiten. Theaterleute sind immer wieder fasziniert von der Idee, die Grenzen zwischen Kunst und Leben aufzulösen und unternehmen die verschiedensten Versuche, ein gleichberechtigtes Verhältnis zwischen Publikum und Akteuren herzustellen (vgl. Schechner 1994).

Der experimentelle Umgang mit Bühnenräumen lässt sich zurückverfolgen bis zu den europäischen Theaterreformbewegungen im frühen 20. Jahrhundert, die Theater als „Gemeinschaftsraum" konzipierten und „statt des Guckkastentheaters mit seiner Konfrontation von Bühne und Publikum das Arena- und Rundtheater" forderten (Brauneck 1995, 64). Die Wiederentdeckung und Neuerprobung tradierter Bühnenformen der Antike, des Mittelalters oder des elisabethanischen Zeitalters hat ebenfalls zur Pluralisierung theatraler Räume im Gegenwartstheater beigetragen. Und nicht zuletzt wird Theater als Raumkunst immer wieder auch durch Dramatiker herausgefordert, die in ihren Texten Szenerien zwischen Realismus und Abstraktion entwerfen.

Medialität des Theaters

Drittens: Neue Raumkonzepte wollen den Zuschauer auf ungewohnte Weise ‚adressieren'. In diesem Sinne reicht der Raum des Theaters, wie der Theaterwissenschaftler Jens Roselt sehr grundsätzlich festgestellt hat, über den engen Bereich der Bühne hinaus: Er „umfasst das Publikum und die Spieler. Der Raum organisiert grundlegend das Verhältnis von Akteuren und Zuschauern, macht sie gar erst zu solchen, indem er ihnen einen Ort zuweist und sie zueinander in Beziehung setzt. Der Raum organisiert die Blicke, macht sichtbar oder verstellt die Perspektive" (Roselt 2012, 35). Räume haben demnach einen ambivalenten Charakter: Einerseits geben sie bestimmte Blickachsen und Perspektiven vor, verfügen also in gewisser Hinsicht über Akteure und Zuschauer. Andererseits entsteht der Raum des Theaters erst durch die Wahrnehmung und Nutzung der in ihm handelnden, beweglichen Subjekte.

Weiterführende Literatur

Westphal, Kristin (Hg.) (2012) Räume der Unterbrechung. Theater, Performance, Pädagogik. Oberhausen

Matzke, Annemarie (2011) Die Stadt als Bühne – ein Baustein zu Theater im öffentlichen Raum. In: Bundeszentrale für politische Bildung (Hg.) Theater probieren, Politik entdecken. Themen- und Materialienbände. Bonn, S. 187–202

Leitfragen zum Umgang mit Räumen

- Soll die Aufführung in einem konventionellen Theaterraum oder an einem theaterfremden Ort stattfinden? Welcher Raum passt zum Thema bzw. zur Darstellungsaufgabe?
- Wird das Bühnensetting bereits zu Beginn oder erst im Laufe der Proben festgelegt? Welche inszenatorischen Möglichkeiten ergeben sich aus den räumlichen Bedingungen?
- Welche thematischen, dramaturgischen, szenischen Impulse ergeben sich aus den räumlichen Gegebenheiten? Wie lassen sich diese Bedingungen nutzen, verändern, ergänzen?
- In welcher Weise wird das Publikum durch räumliche Anordnungen konfrontiert, einbezogen oder in Bewegung gesetzt?

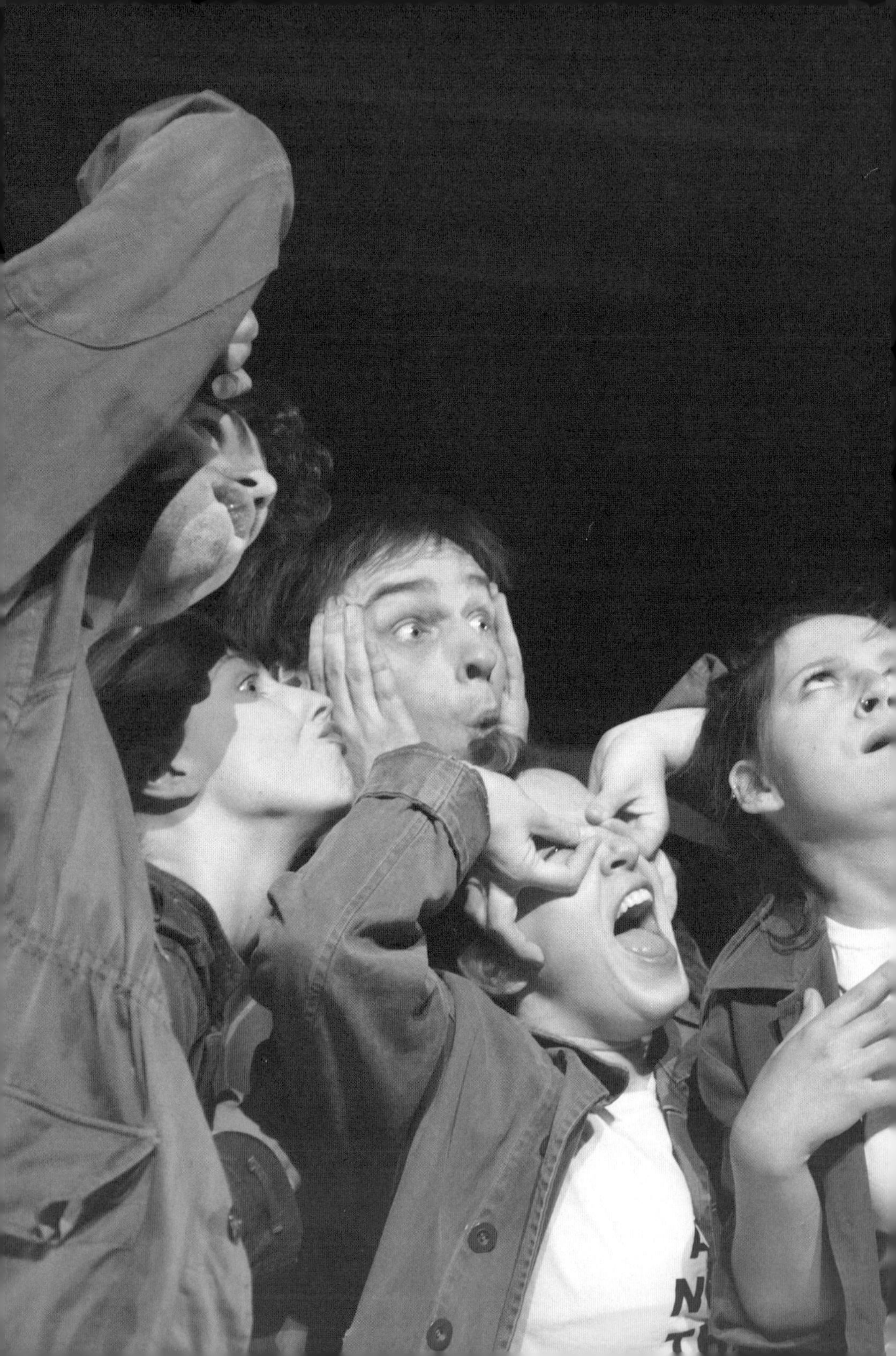

SPIELWEISEN ERPROBEN

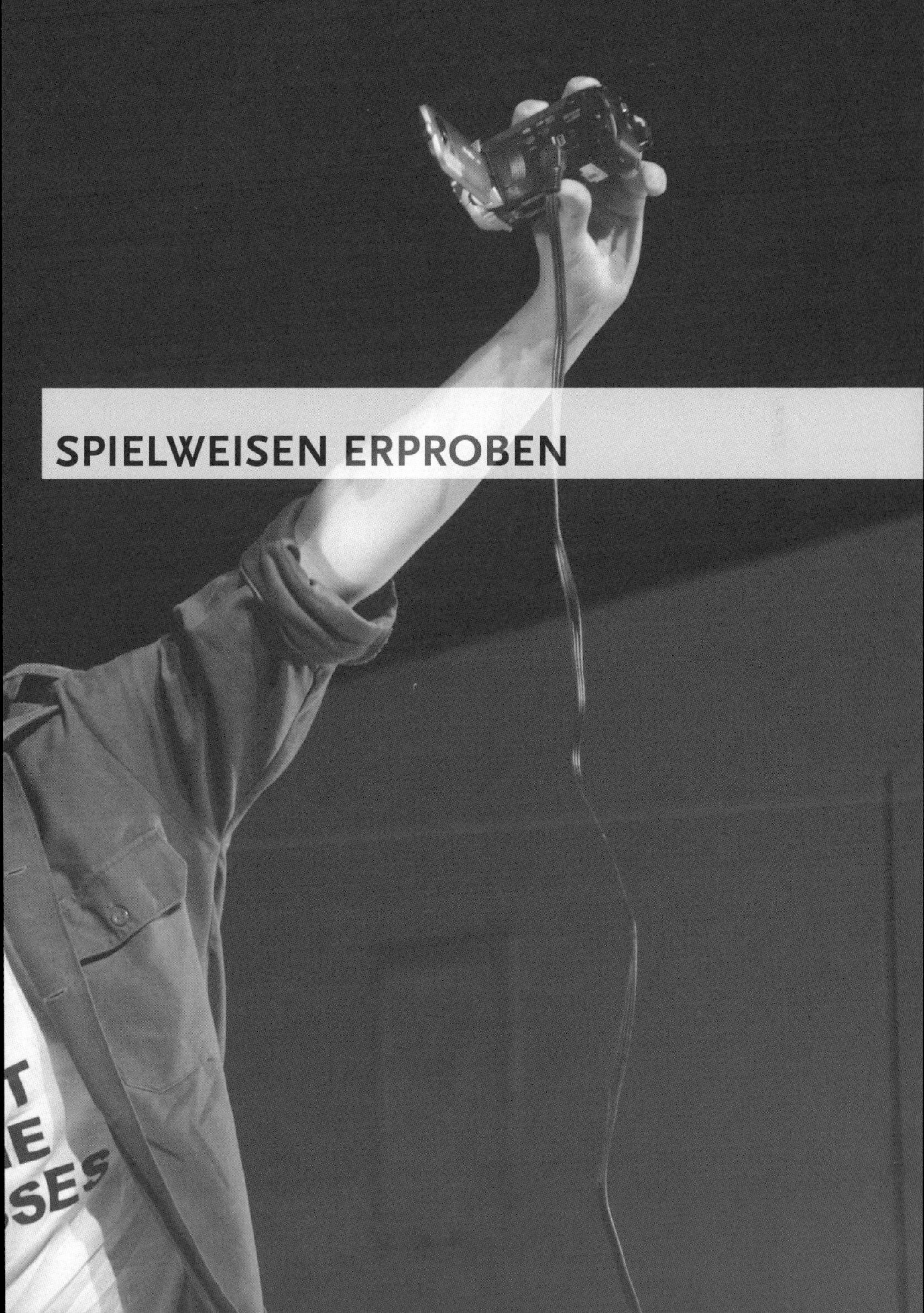

Abb. 16: *FLEISCH – ich bin ich, du bist du und es geht schlecht*: P14 – das Jugendtheater der Volksbühne am Rosa-Luxemburg-Platz präsentiert seine Variation von Brechts „Fatzer" beim Theatertreffen der Jugend in Berlin 2012 (Leitung: Lisa Brüning), Foto: Dave Grossmann

5 Spielweisen erproben

„Mach' nicht so ein Theater!" – diese Redewendung kennen wir aus dem Alltag, wenn jemand aus der Reihe tanzt oder sich auffällig aufführt. Bereits in der Umgangssprache verbirgt sich also eine landläufige Vorstellung davon, was ‚Theater machen' heißt. In der Formulierung deutet sich außerdem an: Die Wurzeln des Theaterspielens liegen in der sozialen Wirklichkeit. Spiel, Nachahmung, demonstrierendes Zeigen – von Kindheit an erwerben wir die Grundlagen des szenischen Spiels, sie sind Teil unserer Sozialisation und unserer kulturellen Identität. Überall und dauernd begegnet man theatralen Phänomenen – im Alltag und den Medien: von den Unterhaltungsshows im Fernsehen bis zu Ritualen in den Arenen der Politik, von den Spektakeln des Sports bis zu Selbstinszenierungen in sozialen Netzwerken. Dabei bleibt nicht nur die Inszenierung der „Erlebnisgesellschaft", in der wir leben, oft unreflektiert, auch unsere eigene alltägliche Selbstdarstellung folgt oft blindlings mächtigen Vorbildern und Idealen (vgl. Schulze 1995).

„Erlebnisgesellschaft"

Beim Theaterspielen können wir zu diesen Selbstdarstellungen aus dem Alltag in eine reflexive Distanz treten (vgl. Seel 2007). Die ‚Situation Theater' gehorcht anderen Gesetzmäßigkeiten als das ‚normale' Leben, denn sie beruht gerade auf der Verabredung, dass die bearbeiteten Zustände, Vorgänge, Szenen aus der außertheatralen Wirklichkeit hervorgehoben und für ein Publikum gestaltet sind. Die Bühne etabliert einen Unterschied zwischen den Spielenden und ihrer Darstellung. Der Mensch, der die Bühne betritt, wird zum Zeichen, zur Figur. Eine Figur allerdings – das kann vieles sein, auch jenseits der Repräsentation einer dramatischen Figur im Modus des Als-ob (vgl. Roselt 2006).

Projekte mit nicht-professionellen Akteuren zeichnen sich heute durch eine Vielzahl an Spielformen aus, es dominiert der schnelle Wechsel der Haltungen und Konnotationen. Die Spielenden ‚switchen' zwischen einem direkten, einem zitierenden oder einem kommentierenden Gestus, zwischen Dialog und Dokumentarischem, zwischen biografischem Geständnis und chorischen Sprech- und Spielweisen. Dabei begegnen uns nicht-professionelle Darstellerinnen in unterschiedlicher Funktion – „als Rollenspieler, Performer, Selbstdarsteller, Entertainer, Körperartist, Kameraobjekt, Musiker, Redemaschine, Choreut, Feldforscher, Experte des Alltags" (Kurzenberger 2011, 75).

Was ist eine theatrale Figur?

Verallgemeinernd kann man sagen: Theaterspielen bewegt sich im Spannungsfeld verschiedener Gegensätze: zwischen der ‚privaten' Selbstdarstellung im Alltag und der Repräsentation vielschichtiger fiktionaler Figuren, zwischen Sinn und Sinnlichkeit, zwischen technisch kontrollierbaren und unverfügbaren Anteilen. Immer aber steht der Körper, sowohl bei der Theaterproduktion als auch in der Zuschauerwahrnehmung, im Mittelpunkt. Bereits im Alltag ist die Sicht auf den Körper und die Körper-Sprache von kulturellen Konventionen und Codes bestimmt, man denke nur an die ‚typischen' Haltungen und Bewegungen eines Mannes oder einer Frau in der Öffentlichkeit.

Soziale Mimesis

Im Theater bringen die Spieler ihre Haltungen und Verhaltensweisen, ihre eigene Körperlichkeit, in die Darstellung ein – als Stoff und Werkzeug, als Material und Bedeutungsträger. Dazu gehört der gesamte Habitus eines Menschen – charakteristische Haltungen, Gesten und die Stimme, deren Klang das Unverwechselbare einer Person ausmacht (personare = lat. durchtönen). Der Körper wird zur Projektionsfläche, seine leibhaftig-sinnliche Anwesenheit bringt vielfältige Bedeutungszuschreibungen hervor (Fischer-Lichte 2010, 36 ff.).

Menschenbilder entwerfen

Theaterarbeit bietet einen Schutzraum, Alltagsrollen, fiktionale Figurenkonstrukte oder medial vermittelte Vorbilder spielerisch zu erkunden. Ausgehend von inhaltlichen und räumlichen Setzungen werden dabei Situationen entworfen und ausprobiert, um sie anschließend zu beschreiben und zu wiederholen, zu verbessern oder zu verwerfen. Doch wie auch immer das theatrale Kommunikationsangebot ausfallen mag, es wird erst durch die Ergänzungsleistung eines Publikums vollständig, das gegenüber dem Dargebotenen eine eigene Position finden muss (vgl. Kapitel 7.2). Dabei ist es dem theatralen Geschehen keineswegs ohnmächtig ausgeliefert, sondern bringt es im Zuge der (vergänglichen) Aufführung mit hervor. Das Bild vom Menschen, das sich aus dem spielerischen Entwurf einer fiktiven Figur oder aus dem Vollzug performativer Handlungen zusammensetzt, entsteht erst im Auge des Betrachters.

5.1 Nichtspielen

Eine Frau betritt die Bühne. Sie geht zügig zu einem bestimmten Ort, bleibt stehen und schaut nach vorn. Sie wartet eine Weile. Dann dreht sie sich zur Seite, geht in die Knie, zieht langsam die Arme hoch und verharrt. Die Pose erinnert an eine Sprinterin vor dem Start, doch die

Frau bleibt im Freeze. Wieder vergeht eine Weile, bevor sich die Anspannung im Körper allmählich löst. Die Frau steht nun wieder einfach da und schaut uns an. Dann wiederholt sie diesen Ablauf.

The Record, eine Inszenierung mit 44 hannoverschen Akteuren – Männer, Frauen und Kinder im Alter von 7 bis 77 Jahren – wird hier als Beispiel erwähnt, weil sie die grundsätzlichen Bedingungen szenischer Darstellungen *vorführte*. Die einstündige Aufführung kam ganz ohne Sprache aus und lebte – zumindest auf den ersten Blick – allein von der Präsenz der Körper (Festival Theaterformen 2015). Der Auftritt und das Auf-der-Bühne-stehen wurde hier als Keimzelle des Theaters und als Mutprobe geradezu zelebriert (Leitung: Abigail Browde, Michael Silverstone). Allein die Konzentration auf kleine Gesten und minimale Bewegungen löste eine faszinierende Wirkung aus. Das Besondere an der Inszenierung war jedoch nicht nur das stumme Spiel, sondern vielmehr die gänzliche Abwesenheit von ‚Schauspielen' im herkömmlichen Sinne: Die Darsteller unternahmen – zumindest auf den ersten Blick – nichts, um eine Figur zu verkörpern, eine Handlung oder

In Erscheinung treten

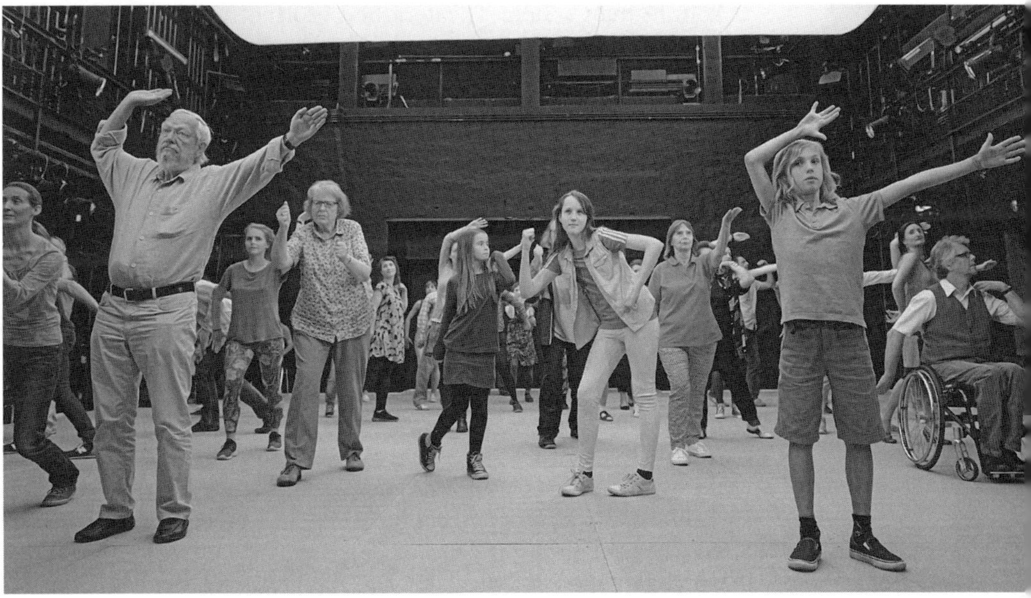

Abb. 17: *The Record*: 44 Menschen aus Hannover erkunden den Zauber des Alltäglichen, 600 Highwaymen, Festival Theaterformen 2015 (Choreografie: Abigail Browde, Michael Silverstone), Foto: Andreas Etter

einen fiktiven Ort zu simulieren – sie waren einfach da und wurden beobachtet. Dabei stand nicht die virtuose Ausführung eines tänzerischen Bewegungsablaufs im Vordergrund wie etwa beim Ballett. Stattdessen konnte man dabei zuschauen (und vergleichen), wie alltägliche bis expressive Gesten abstrahiert, zerlegt und neu zusammengesetzt wurden.

Alltägliche und expressive Gesten

Auf der breiten Skala zwischen einfachem Nicht-Spielen (*not-acting*) einerseits und der vielschichtigen Verkörperung einer Figur (*complex acting*) andererseits war *The Record* deutlich auf Seiten des Nicht-Spielens zu verorten (vgl. Kirby 2006). Doch obwohl die individuelle Physis der Akteure zunächst auf nichts anderes zu verweisen schien als auf sie selbst, ließen die Kleidung, das Alter, bestimmte Bewegungsmöglichkeiten oder -einschränkungen beim Publikum natürlich Vermutungen zu über deren biografische Erfahrungen und soziale Prägungen.

Angesichts von *The Record* konnte man sich gut vorstellen, wie die Choreografen zusammen mit den gecasteten ‚Laien' zunächst unterschiedliche Bewegungsqualitäten und -parameter austesteten, um mit ihnen dann bestimmte „Scores" wiederholbar zu machen, also einen räumlichen und zeitlichen Handlungsrahmen für eine Teilsequenz festzulegen (Klein 2015, 112). Daran konnte man sehen: Theaterarbeit eröffnet nichtprofessionellen Akteuren die Chance zu andersartigen Körpererfahrungen jenseits alltäglicher Bewegungsformen. Gerade die basale Auseinandersetzung mit unterschiedlichen Qualitäten und Mustern von Bewegung bedeutet für Anfänger eine gute Möglichkeit, sich mit den Mechanismen theatraler Wirkung vertraut zu machen und allmählich mehr Souveränität auf der Bühne zu gewinnen. Ein wichtiger Lerneffekt dabei ist, dass „auf der Bühne nichts ohne Absicht und mithin auch nichts ohne Bedeutung geschehen darf." (Warstat 2010, 44).

Scores

The Record dient hier auch als Beispiel dafür, dass der Eindruck einer besonderen „Gegenwärtigkeit" der Spieler paradoxerweise durch genau kalkulierte „Spiel- und Bedeutungsräume" *hergestellt* und *erzeugt* wird, weshalb man hier von einer „vermittelten Unmittelbarkeit" sprechen kann (Wartemann 2002, 155). Wer nur die vermeintliche ‚Authentizität' der Akteure beschwört, übersieht, dass es einer penibel erarbeiteten Choreografie (Anweisungen per Teleprompter hinter der Publikumstribüne) und einer durchgängigen musikalischen Grundierung mit Elektrosounds und Cello (zwei Live-Musiker) bedurfte, um die skizzierte Wahrnehmungssteigerung und -intensivierung zu erzielen. Außerdem gilt: Erst durch den Kontrast gegenüber ästhetischen Maßstäben

Authentizität als Darstellungsform

und Idealen einer tradierten Theaterkunst der Verkörperung werden die spezifische Körperlichkeit und die Darstellungsqualität der nichtprofessionellen Akteure in *The Record* deutlich (ebd., 151).

Weiterführende Literatur

Klein, Gabriele (2015) Choreografischer Baukasten. Das Buch. Bielefeld

Callery, Dymphna (2001) Through the body. Exploration and excersises in devising, mask-work, play, complicité and total theatre. London

Leitfragen zu Ausdrucksfindung und Bühnenpräsenz

- Was bedeutet es, ohne vorgegebene Rolle auf der Bühne zu stehen? Wie können die Konzentration auf Bewegungsqualitäten und -muster sowie auf Pausen und Stille die Präsenz des Körpers befördern?
- Wie können nicht-professionelle Akteure auf der Bühne zunehmend Souveränität erlangen? Wie lassen sich Gefühle von Scham oder andere innere Widerstände überwinden bzw. produktiv machen?
- Wie können Sie (als Spielleitung) die Gruppe dazu ermutigen, mit alltäglichen, abstrakten oder expressiven Gesten zu experimentieren?

5.2 Eine Rolle spielen

Über die eben geschilderten Experimente mit der Präsenz des Körpers hinaus können wir beim Theaterspielen auch die Erfahrung machen, dass eine Person, die uns privat eben noch sehr freundlich begegnet ist, auf der Bühne plötzlich gänzlich anders reagiert (und umgekehrt). Diese Transformation ist ein äußerst komplexer, ein ebenso erhellender wie manchmal mysteriöser Vorgang – und zutiefst menschlich. Denn nur der Mensch hat die Möglichkeit, in Distanz zu sich selbst zu treten und aus dieser

Distanz heraus Vorgänge zu erfinden und ein Bild zu entwerfen davon, was ein Mensch sein kann (vgl. Plessner 1993). Darin liegt auch eine utopische Dimension des Theaterspielens.

Die Darsteller auf der Bühne sind Menschen – und als Darsteller zugleich Zeichen für Menschen. Diesen Zusammenhang bezeichnet der Begriff ‚Verkörperung'. Damit ist ursprünglich der Versuch des Schauspielers gemeint, die eigene Person komplett hinter der Figur zum Verschwinden zu bringen. Der Zuschauer soll den Schauspielerkörper nur als Zeichen, als die dargestellte Figur wahrnehmen, die durch das Drama vorgegeben ist. Eine solche Vorstellung von einer restlosen Verwandlung ist jedoch irreführend bzw. theoretisch fragwürdig. Kein Hamlet-Darsteller verwandelt sich tatsächlich in einen historischen Dänenprinzen, denn die Figur, wie sie im Buche steht, ist ja eben nicht eindeutig vorgegeben, sondern wird durch jeden Hamlet-Darsteller auf neue Weise lebendig und konkret.

Die Verkörperung einer dramatischen Figur

Beim Theaterspielen kann es eine ebenso befreiende wie beunruhigende Erkenntnis sein, dass das, was wir für unser relativ stabiles Selbst halten, sich verändern oder sich schnell neuen Umständen anpassen kann. Man bekommt eine Ahnung davon, dass so etwas wie ein echter, unwandelbarer Kern der eigenen Person womöglich gar nicht existiert. Unsere Identität erfahren wir nun als eine Konstruktion, die im Bezug zu anderen erst entsteht und im Spiel (auch für uns selbst) überraschende Varianten hervorbringt. Dies ist freilich kein Privileg von Laien und nichtprofessionellen Akteuren: Autobiografien und Selbstreflexionen von professionellen Schauspielern sind gerade deshalb so faszinierend, weil sie von der paradoxen Möglichkeit berichten, einmal ‚jemand ganz anderes' zu sein – und dabei doch ganz ‚bei sich' zu bleiben (vgl. Hruschka 2005). Die Kunst professioneller Schauspieler kann so als Beleg und als Beispiel dafür dienen, dass unser Selbst sich aus vielen Versatzstücken, Teilidentitäten, situativen Rollen- und Verhaltensmustern zusammensetzt.

Gerade literarische Texte liefern einen Anreiz, verschiedene Stimmen und Stimmungen im Spiel zu entdecken, Fantasien und Erfindungen zu veräußerlichen und verfügbar zu machen. Szenische Fantasie entzündet sich also auch an der Sprache und am Sprechen auf der Bühne (vgl. Kapitel 6). Manchmal läuft bereits bei der Lektüre vor dem inneren Auge eine Art Kino im Kopf ab, eine mentale Inszenierung. In den Stücken Shakespeares zum Beispiel genügen oft nur wenige Worte, um fiktive Orte und Räume zu entwerfen, um die emotionale Verfasstheit der Figuren und ihren Bezug zueinander zu charakterisieren. Der Text beflügelt

Mentale Inszenierung

die Vorstellungskraft und fordert unmittelbar dazu heraus, als gesprochenes Wort auf einer Bühne erlebt und verkörpert zu werden.

Sprechen auf der Bühne

Für das Einstudieren einer reflektierten Sprech- und Spielweise braucht es viel Disziplin und Konzentration. Eine solche Form der Textarbeit kann Laien daher schnell überfordern, sie kann aber auch – abwechslungsreich und anregend gestaltet – großen Spaß machen. Denn erst, wenn die Spieler wirklich verstanden haben, was sie auf der Bühne sagen, können sie sprachlich und gestisch differenziert ein Gefühl, einen Konflikt oder die feinen Unterschiede zwischen dem Gesagten und dem eigentlich Gemeinten darstellen.

Zuhören bedeutet in unserer Sprache, das vor uns zu sehen, wovon man spricht; sprechen dagegen heißt nichts anderes, als Vorstellungsbilder zeichnen. Das Wort ist für den Schauspieler nicht nur ein Laut, sondern es dient vor allem dazu, Bilder wachzurufen. Trachten Sie daher auf der Bühne danach, nicht so sehr für das Ohr als für das innere Auge zu sprechen.

Konstantin S. Stanislawski, Die Arbeit des Schauspielers an sich selbst (1988), Seite 66

Die feine Abstimmung von stimmlichem Ausdruck, der Blickrichtung und der Ausrichtung des Körpers auf ein bestimmtes Ziel hin, das die Stimme erreichen soll (Zuschauer, Spielpartnerin) – das ist große Schauspielkunst. Diese Aufmerksamkeit für ein zielgerichtetes Sprechen auf der Bühne ist allerdings auch dort von Bedeutung, wo mit der Trennung von Sprech- und Handlungsebene gearbeitet oder der gewohnte Zusammenhang zwischen Stimme und Sprechen bewusst gestört wird. Im Theater der Gegenwart zählt nicht mehr so sehr die genau kalkulierte ‚richtige' Artikulation, und es geht – im Unterschied zum Film – auch nicht darum, Sprache und Bewegung im Sinne einer psychologischen Plausibilität in Einklang zu bringen. Statt einer pathetisch-übertriebenen Betonung trifft man im Theater der Gegenwart meist auf eine „stilisierte Alltagssprache", bei der sich Gedankenimpulse an die Zuhörer über ein verdichtendes, zielgerichtetes Sprechen vermitteln (Dössel 2016). Gern wird auch die individuelle Besonderheit und die Materialität einer Stimme, etwa durch Micro-Ports, in den Vordergrund gerückt. Auch Momente, in denen die Stimme bricht oder gänzlich versagt, werden elektronisch verstärkt. Das kann so weit gehen, dass heiseres, lässiges oder schlampiges Sprechen bewusst als Kunstform ausgestellt wird.

Auch für nichtprofessionelle Akteure kann es interessant sein, das Wechselspiel zwischen Imagination und Handeln, zwischen Sprechen und körperlichem Erleben zu ergründen und für die Gestaltung einer theatralen Figur zu nutzen. Die Methoden des russischen Regisseurs und Schauspiellehrers Konstantin S. Stanislawski (1863–1938) basieren auf einer Entdeckung: Äußere, körperliche Veränderungen beeinflussen das innere Erleben. Umgekehrt können das Vorstellungsvermögen und das „emotionale Gedächtnis" der Spieler unwillkürliche körperliche Handlungen hervorrufen. Die Konzentration auf innere Bilder und eine veränderte Körperlichkeit kann einen „Wechsel des Erlebnisstils" bewirken, der durch ein anderes Zeiterleben und durch den Wegfall „alltagsweltlicher" Handlungslogiken gekennzeichnet ist (Bahr 1988, 685).

Wechselspiel von Innen und Außen

Leitfragen zur Gestaltung einer Figur

- Wie wird ein schriftlich fixierter Text zum Leben erweckt? Welche Varianten und Nuancierungen lassen sich beim Sprechen eines Textes entdecken (Spiel mit Sinneinheiten, Betonungen, Lautstärke etc.)? Welche Sprechweise ist der Figur, der Situation und der Poetik des Textes angemessen? Welche Wirkungen entstehen durch die elektronische Verstärkung der Stimme?
- Welche formalen Möglichkeiten und Lösungen für eine nichtillusionistische Darstellung der Figur lassen sich finden?
- Inwieweit helfen bewusste körperliche Haltungen und Haltungsveränderungen dabei, eine Figur zu gestalten und in Interaktion zu treten mit den Spielpartnerinnen und dem Raum?
- Wie verändert und bereichert die Konzentration auf unterschiedliche innere Vorstellungsbilder den körperlichen Ausdruck und die Spielweise?

5.3 Sich selbst spielen

Während auf die detaillierte Arbeit an einer plausiblen Rollenpsychologie im professionellen Theater (und insbesondere im Film) viel Zeit verwendet wird, liegt die Stärke theaterpädagogischer Theaterprojekte eher in der theatralen Reflexion von Weltansichten, Rollenversatzstücken, Medien und Meinungen. Gerade szenische Versuche also, die ausdrücklich nicht darauf abzielen, dass die Akteure sich verstellen, können besonders geeignet sein, theaterunerfahrene Akteure in spielerische Vorgänge zu verwickeln. Auf der Basis von Diskussionen, Spielimpulsen, Schreibaufgaben – und durch ein geeignetes, vereinfachendes Probenvokabular („Sei du selbst") – werden die Spieler ermutigt, auf ihr gewohntes Lebensumfeld, auf persönliche Gegenstände, auf ihr Wissen und ihre Werte Bezug zu nehmen und sich über relevante Wünsche und Ängste, Sinnfragen und Meinungen zu äußern. Dabei geht man davon aus, dass jeder Mensch Experte für sein eigenes Leben ist und entsprechende Darstellungskompetenzen erworben hat.

Mit einem solchen biografischen Ansatz erreicht man auch bei weniger selbstbewussten Spielern ein besonderes Maß an Identifikation mit ersten szenischen Ergebnissen. Diese Vorgehensweise bietet große Chancen, führt allerdings häufig zunächst zur Reproduktion von Klischees und Befindlichkeiten oder ungefilterten Abbildungen von Alltags- und Medienerfahrungen. Ausgehend von ihren Erfahrungen mit biografischer Theaterarbeit an einer so genannten Brennpunktschule in Berlin-Neukölln hat Maike Plath darauf hingewiesen, dass die Spielleitung hier besonders gefordert ist: Es gehe darum, die Erlebnisse und Spielangebote der Schülerinnen einerseits genau zu beobachten und auszuwerten – und andererseits geeignete „Methoden zur Ästhetisierung" anzubieten, die ihnen nicht nur Sicherheit, sondern den ‚privaten' Empfindungen auch eine Form geben (Plath 2009, 27). Der Reiz biografischer Erzählungen auf der Bühne erwächst demnach erst aus der Verknüpfung von „tatsächlich Erlebtem, Hinzugedichtetem und in der Auseinandersetzung mit bereits existierendem literarischem, historischem, gesellschaftspolitischem und künstlerischem Material" – also zum Beispiel mit Textvorlagen, Filmen, Zeitungsausschnitten, Theaterbesuchen, Online-Recherchen etc. (Plath 2014, 44). Durch Auswahl, szenische Zuspitzung und die Konfrontation mit den Geschichten der Spielpartner wird den Spielerinnen allmählich ein distanzierter Blick auf sich selbst ermöglicht – und am Ende ist auch für den

„Methoden zur Ästhetisierung anbieten"

Rollentausch

Zuschauer nicht eindeutig auszumachen, ob die Spieler gerade tatsächlich Privates von sich preisgeben, die Geschichte einer anderen Person übernommen haben oder diese völlig frei erfunden ist.

Maike Plaths Leitfragen für biografisches Theater mit Jugendlichen in der Schule

- Was will ich aussagen?
- Welche ästhetische Form hat welche Wirkung (auf die Zuschauer_innen)?
- Welche ästhetische Form eignet sich in welchem Kontext?
- Auf welches allgemeingültige Thema ist meine biografische Geschichte bezogen, im Sinne von: In welchem größeren Kontext steht meine biografische Geschichte? Warum soll der Zuschauer davon erfahren?
- Durch welche ästhetischen Mittel knüpfe ich an das kollektive Gedächtnis der Zuschauer an?
- Wie schaffe ich es, dass meine biografischen Inhalte auf etwas verweisen, das auch für den Zuschauer von Bedeutung ist?

Maike Plath, Partizipativer Theaterunterricht mit Jugendlichen. Praxisnah neue Perspektiven entwickeln (2014), Seite 45

Auf dem Weg zu einem bewussteren und spielerischen Umgang mit Selbstentwürfen und alltäglichen Selbstdarstellungsstrategien bieten sich u. a. folgende Möglichkeiten an, die man – je nach Bedürfnissen und Fähigkeiten der Gruppe – einsetzen und modifizieren kann:

Formen der Selbstinszenierung

- Variante 1: Die Spielerinnen berichten aus ihrem Leben, wie eben angedeutet, zunächst in Ich-Aussagen.
- Variante 2: Man bittet sie, diese autobiografische Erzählung in die dritte Person zu übersetzen.
- Variante 3: Man lässt einen anderen Spieler oder eine andere Spielerin die Geschichte sprechen. Ein solcher Rollentausch empfiehlt sich, je brisanter und intimer die Episode ist.
- Variante 4: Die Erzählung wird auf mehrere Mitspieler verteilt (vgl. Kapitel 5.3).
- Variante 5: Die biografische Erzählung wird radikal gekürzt, bis auf wenige Sätze ‚entkernt' und dadurch poetisch verdichtet.
- Variante 6: Die Originalgeschichte wird mit fiktiven, beispielsweise märchenhaften Elementen durchsetzt und mit einem kit-

schigen Film-Soundtrack unterlegt – und so dramatisiert und überhöht.

Diese ästhetischen Codes führen weg von der affirmativen Bestätigung der ursprünglichen Selbstbeschreibung hin zu einer erkenntnisfördernden Auseinandersetzung mit der spielerischen Konstruktion von Identität. Ausgangspunkt können dabei auch Techniken des ‚creative writing' sein, die die Textproduktion vom ersten Fragment über die Stückentwicklung bis zur fertigen Spielvorlage unterstützen (vgl. Hippe 2011). Im Ergebnis sollte erkennbar sein, dass die Spieler sich auf der Bühne nicht in naiver Weise ‚privat' oder ‚authentisch' präsentieren, sondern als reflektierte Zeitzeugen, die sich über sich selbst verständigen. Dafür werden sie zu Biografie-Erzählern, die sich auf der Bühne als (Kunst-)Figur neu erfinden. Das gemeinsame, öffentliche Nachdenken über ein persönliches Thema weist dann beispielhaft über die Einzelnen hinaus.

Weiterführende Literatur

Plath, Maike (2009) Biografisches Theater in der Schule. Mit Jugendlichen inszenieren: Darstellendes Spiel in der Sekundarstufe. Weinheim u. a.

Leitfragen zu Formen der Selbstinszenierung

- Welche Körperhaltungen, Sprech- und Sprachgewohnheiten aus dem Alltag bringen die Akteure mit in die Darstellung ein? Was wollen sie darüber hinaus Besonderes von sich zeigen? Was muss dafür geübt werden?
- In welchem Verhältnis stehen die Darsteller zum Dargestellten? Was wollen sie von dem Prozess der Erarbeitung zeigen?
- Welche Aspekte möchten Sie besonders hervorheben – und wie kann dafür der Körper als Zeichen und Bedeutungsträger eingesetzt werden?

5.4 Das Spiel mit Geste, Kostüm, Objekt

Neben der Arbeit an literarischen oder biografischen Texten sind noch viele weitere Möglichkeiten denkbar, um Spielfreude zu wecken – je nachdem, welche Darstellungsaufgaben und -ziele man verfolgt. Eine wichtige Ausgangsbasis bilden, wie das Beispiel *The Record* bereits andeutete, Übungen zur bewussteren Wahrnehmung des Körpers und der Beziehung zu den Spielpartnern. Ein Ziel dabei ist die Vermeidung unwillkürlicher Gesten, körperlicher Zeichen oder Ticks – wie etwa verschämtes Lächeln, das Zupfen an T-Shirts oder Durch-die-Haare-Fahren. Neben der Arbeit mit Standbildern, mit Masken oder der Erprobung unterschiedlicher Spieltempi wie Zeitraffer oder Zeitlupe empfiehlt sich dafür zum Beispiel die folgende Spiegelübung: Während ein Spieler seine Geschichte erzählt, wird ein anderer Darsteller aufgefordert, sich hinter dem Erzähler zu postieren und gebeten, die Gesten, die der Erzähler beim Sprechen unwillkürlich ausführt, genau zu beobachten und nachzustellen. Im nächsten Schritt werden drei typische Gesten ausgewählt und von der gesamten Gruppe wiederholt, die über eine reine Illustration oder Dopplung der inhaltlichen Aussage hinausgehen und dadurch einen interessanten Mehrwert liefern. Wenn die Gruppe den Gestenkanon gemeinsam ausführt, während der Spieler seinen Text spricht, wird das ursprünglich Unbewusst-Individuelle vervielfacht – und verfremdet. Ein solcher Verfremdungseffekt rückt innerhalb einer antiillusionistischen Darstellung das vermeintlich Bekannte in eine ungewohnte Perspektive. In diesem Sinne lassen sich auf Seiten der Spieler wie auf Seiten des Publikums verschiedene Grade der Einfühlung bzw. der Distanzierung gegenüber dem auf der Bühne Gesagten denken und erproben.

Körper im Spiel

Verfremdungseffekt

Ein weiterer Ansatzpunkt, um ins Spiel zu kommen, ist die schon bei Kindern zu beobachtende Lust an der Verkleidung und Verwandlung. Die Konfrontation mit fremden Kleidungsstücken, Masken, Brillen, Gehhilfen und Kostümteilen regt – zum Beispiel bei der Annäherung an ein literarisch vorgegebenes Figurenkonstrukt – die Fantasie an. Die Auseinandersetzung mit einem Kostüm kann einen produktiven Widerstand bedeuten und das Spiel mit Gangarten und Haltungen, also einer veränderten Körperlichkeit, befördern. Avancierte Theaterkunst nutzt Kostüme jedoch nicht (mehr) mit dem Ziel einer bruchlosen Verwandlung in die dramatische Figur, will den Unterschied zwischen Darstellung und Dargestelltem nicht vergessen machen. Accessoires und Kostümversatzstücke wie Perücken dienen eher als Anspielung auf eine Epoche, auf Beruf, Alter oder soziale Herkunft einer Figur. Die Kostümierung kann die Person des Spielers allerdings auch gänzlich verdecken und dadurch ein besonderes formales Eigen- oder Gegengewicht erhalten, etwa bei der Verwendung von Ganzkörperfigurinen, Tierkostümen oder Fatsuits.

Das Kostüm spielt sich selbst

Ähnlich verhält es sich mit Requisiten – traditionell ein wichtiges Hilfsmittel für die allmähliche Ausgestaltung einer Figur im Probenprozess. In vielen Dramen sind sie als symbolisch aufgeladene Bedeutungsträger unerlässlicher Motor der Handlung – man denke nur an das Taschentuch in Shakespeares *Othello* oder den Dolch in *Hamlet*. Eine Waffe, ein Stock, ein Smartphone – der zeichenhafte Gebrauch von Gegenständen eröffnet vielfältige Möglichkeiten, eine theatrale Figur oder Situation zu erschaffen.

requisitum = lat. erforderliches Ding

Im performanceorientierten Theater der Gegenwart übernehmen Objekte häufig jedoch weitere szenische Funktionen, das Wechselspiel zwischen menschlichem Körper und Dingwelt wird neu belebt (Lehmann 1999, 382). Improvisationen und performative Handlungen mit natürlichen oder synthetischen Stoffen – Wasser, Kreide, Farbe, Erde, Nebel, Sand – bilden den Ausgangspunkt für szenische Versuche jenseits der traditionellen Reprä-

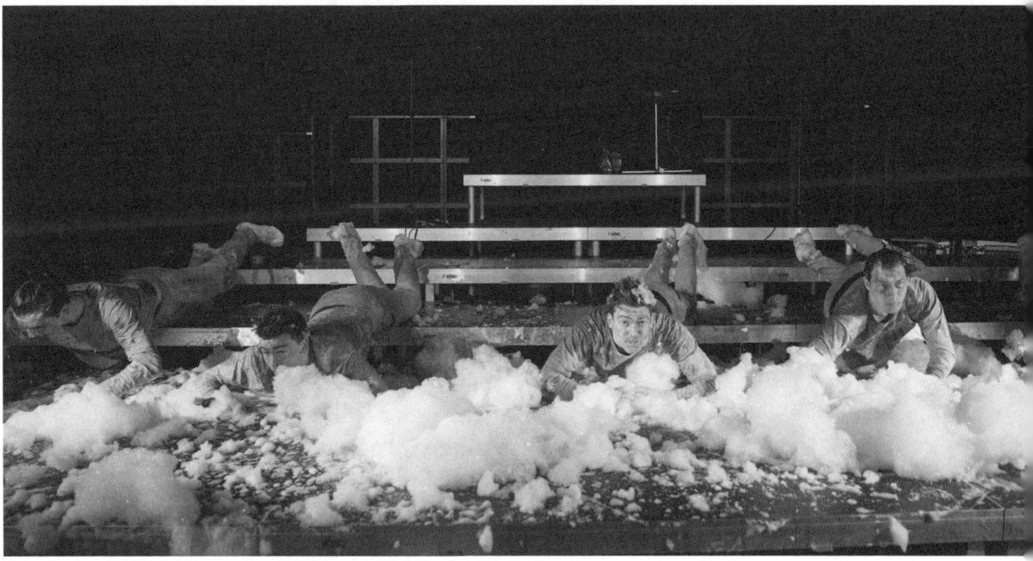

Abb. 18: *how to build a boat – eine Hölderlin Gesamtausgabe*: Szene aus einem Studienprojekt in Hannover mit fünf Darstellern (Leitung: Lukas Günther, Jule Schattling), Foto: Holger Vocke

sentation einer Figur: „Wir machen ein Projekt mit Schaum!“, so verkündete es zum Beispiel ein Performance-Kollektiv aus Hannover. Die Setzung des Materials und seine experimentelle Erforschung stand dabei von Anfang an fest; erst im zweiten Schritt wurden die assoziativen Bedeutungen näher geprüft, die sich aus der Kombination dieses Materials mit Sprache, Körper, Licht etc. ergaben.

Performanceorientierte Theaterarbeit bringt die unterschiedlichsten Wirklichkeitsfragmente und Assoziationen ins Spiel: Gestische Versatzstücke, Figurenteile, Textfetzen, Musikzitate, Kostüm-Fundstücke – das alles ist Material für szenische Improvisationen, die wiederum neue Erfahrungen mit den Spielpartnern oder der Sprache möglich machen. Mit Improvisation ist hier das absichtsvolle Spiel mit dem Unvorhersehbaren und Unberechenbaren gemeint, das paradoxerweise zugleich stabilisierende Ausgangsbedingungen und Rahmen braucht. Es ist ein langer Weg, auf dem die Spieler manchmal nur langsame, manchmal aber auch unverhofft schnelle Fortschritte machen – vergleichbar mit dem Erlernen eines Instruments. Es ist paradox: Die Spannung und die Freiheit des Spiels, seine anarchische, unberechenbare Kraft kann sich nur in einer konzentrierten Situation einstellen. Gerade die besonders beglückenden Momente selbstvergessenen Spiels, in dem sich alles ‚wie von selbst‘ ergibt, beruhen auf Übung, Wiederholung und Erfahrung.

Improvisation braucht Spielregeln

Durch den veränderten Umgang mit Raum, Körper, Sprache und Objekten wird deutlich: Schauspielen ist längst nicht mehr allein als ‚Arbeit an der Rolle‘ zu beschreiben. Nicht die Autorität eines Textes ist zentraler Bezugspunkt der Theaterarbeit, es werden vielmehr bestimmte Situationen geschaffen oder bestimmte Aufgaben gestellt, die von den Spielern ausgeführt werden – an denen diese jedoch auch scheitern können. Die alte Theaterdefinition ‚A spielt B vor C‘ wurde abgelöst durch eine Vielzahl an Möglichkeiten, um Sichtweisen auf die Welt, Motivationen, Lebensumstände, soziale und ästhetische Rollen oder besondere Talente der Spielerinnen zum Material szenischer Darstellung zu machen. Gesucht und erprobt werden nun nichtillusionistische Darstellungsweisen, alternative Spielregeln bzw. Handlungsrahmen, innerhalb derer die Spieler agieren und eine „Spiel-Identität“ ausbilden können (Matzke 2005, 243).

Traditionelle Theaterdefinition: A spielt B vor C

Leitfragen zum Spiel mit Geste, Kostüm und Objekt

- Welche Kostümelemente und Requisiten werden unbedingt benötigt? Inwieweit intensivieren sie die Wirkung der Szene oder Figur?
- Wie kann das Spiel mit gestischen Versatzstücken und Wirklichkeitsfragmenten (Kostüme, Objekte, Medien, Materialien) für szenische Improvisationen und Performances genutzt werden?
- Wie verändern gezielte Verfremdungseffekte, zum Beispiel die Trennung von Sprache und Bewegung, eine Szene?

5.5 Das Spiel mit chorischen Formen

Die Auseinandersetzung mit Formen des chorischen Theaters ist ein wichtiger Baustein des theaterpädagogischen Prozesses. Chorische Spielweisen sind weit mehr als nur eine Verlegenheitslösung für die Theaterarbeit mit großen Gruppen im schulischen oder außerschulischen Bereich. Stärker als andere Theaterformen vermitteln und reflektieren sie die Dynamik und die Vielstimmigkeit innerhalb einer Gruppe – und betonen so die herausragende Bedeutung des Ensembles für das Gelingen einer Produktion. Vor diesem Hintergrund liegen chorische Verfahren eben dort besonders nahe, wo ein gleichberechtigtes Verhältnis der Spielerinnen – und nicht so sehr die Einzelleistung eines Protagonisten – angestrebt wird (Kurzenberger 2009, 71). Dabei bietet das chorische Prinzip, die „älteste politisch-ästhetische Praxis unserer westeuropäischen Kultur“ (Bosse 2008), eine ganze Reihe reizvoller Möglichkeiten für die Praxis. In erster Linie dient es als Instrument zur Darstellung „komplexer Meinungsverhältnisse und Beziehungsmuster“ (Nübling 1998, 63). Eine besondere Spielform besteht außerdem darin, eine Figur durch mehrere Spieler darzustellen, so dass verschiedene Facetten von ihr sichtbar werden. Gerade im Unterschied zwischen Einzelszene (Monolog) und chorischer Formation liegt ein wirkungsvoller Kontrast. Der theatrale Chor ermöglicht Multiperspektivität, hat grundsätzlich das Spannungsverhältnis zwischen dem Einzelnen und den Vielen zum Thema. Im Chor versinnbildlicht sich so der Zustand einer ‚Gesellschaft‘ – verhandelt wird ebenso aber auch die Schwierigkeit, ‚Ich‘ zu

Figurensplitting

Chor als reflektorische Instanz

sagen. Während chorische Verfahren auf psychologische Wahrscheinlichkeit bewusst verzichten, vermitteln sie etwas von einer fragmentarisierten und medialisierten Lebenswelt, die allgemeingültige Sinnzuschreibungen erschwert bzw. unmöglich macht.

Die Gleichzeitigkeit einer szenischen Aktion oder simultanes Sprechen ist auf der Bühne oft besonders wirkungsvoll, weil es die energetische Intensität eines Vorgangs zu steigern vermag.

Energetische Intensität des Chors

Chorisches Sprechen ist dabei jedoch nicht als Überwältigungsstrategie zu denken und anzuwenden, sondern eröffnet Spielräume, das feine Beziehungsgeflecht zwischen den Spielern und die Musikalität chorischen Sprechens erfahrbar zu machen. Ein flexibles und aufmerksames Zusammenspiel entwickelt sich dabei allerdings nicht einfach strukturbedingt und ‚wie von selbst', sondern muss eingeübt und häufig wiederholt werden (vgl. Post 2011).

Wie dies gelingen kann, wird im Folgenden am Beispiel eines Wochenendworkshops für Studienanfänger veranschaulicht, der in eine 20-minütige Werkschau mündete. Dabei ging es in verschiedenen Arbeitsphasen darum, unterschiedliche Varianten chorischen Theaters kennen zu lernen – als Probenprinzip und als Darstellungsform (Leitung: Ole Hruschka, Violetta Mohr). Ein inhaltlicher Schwerpunkt lag dabei auf jener biografischen Zäsur, die Studierende des ersten Semesters miteinander verbindet: Abschied von der Schule und vom Elternhaus, das Ankommen in einer neuen Stadt, der Umzug in die erste eigene Wohnung usw. Die persönliche Annäherung an das gemeinsame Thema wurde zudem durch die Auseinandersetzung mit einem literarischen Text kontrastiert, erweitert und vertieft: Peter Handkes Gedicht „Die neuen Erfahrungen" aus dem Jahr 1968 versammelt Erlebnisse, die ein Ich-Erzähler im Laufe seiner Kindheit und Jugend ‚zum ersten Mal' gemacht hat – von präzisen Alltagsbeobachtungen bis zur existentiellen Begegnung mit dem Tod. Eine Ambivalenz von Handkes Text besteht darin, dass diese vermeintlich exklusive ‚neue' Erfahrung nach bestimmten vorgezeichneten Mustern und Standards abläuft – und auch in ihrer sprachlichen Auslegung bereits vorgeprägt und verallgemeinert ist (vgl. Handke 2007).

Neue Erfahrungen sammeln

Arbeitsphase 1: Die Teilnehmer tauschten sich in Partnerarbeit über die Frage aus, wie ihre Studienwahl zustande kam und welcher biografische Hintergrund sie beeinflusst hat. Aus der anschließenden Aufgabe, auch Sätze und kurze Erzählungen des Partners in der ersten Person Singular zu formulieren, entstand eine erste chorische Formation aus ‚Ich-Linien'. Die Spieler agierten relativ isoliert voneinander mit Blick ins Publikum. Dabei berichteten sie – auf Anschluss, oder einander ins Wort fallend, mit eigenem oder ‚geliehenem' Text – von ihrer Herkunft und ihren Zukunftswünschen. Bei der Besprechung dieses Zwischenergebnisses wurde rasch deutlich: Die Spieler werden zwar in ihrer Individualität kenntlich, der Chor rückt ihre Ich-Aussagen jedoch zugleich in ein anderes Licht.

Chorische Formation aus ‚Ich-Linien'

Arbeitsphase 2: Um die ‚Körperlichkeit des Chores' erfahrbar zu machen, entwickelten die Spieler freie Tanzimprovisationen zu Musik – überwiegend einzeln für sich, aber auch mit Anregungen und Impulsen von den anderen. Im zweiten Schritt erinnerten sie sich bei der Erfindung von Bewegungssequenzen an das gemeinsame Thema (Stichworte sind: Aufbruch/Ankommen, Begrüßung/Zurückweisung, Öffnung/Abgrenzung), legten drei Lieblingsbewegungen fest und machten diese wiederholbar. Daraufhin zeigten sie einander ihre Ergebnisse und besprachen, wie man sie durch Beschleunigung und Verlangsamung, Reduktion oder Vergrößerung verbessern könnte. Dann entschieden sie sich für eine eigene oder von einem anderen übernommene Lieblingsbewegung, die sie abermals allen zeigten. In zwei Gruppen kombinierten sie die Bewegungen zu einer gemeinsamen Choreografie, studierten sie ein und entwickelten Übergänge. In einem letzten Arbeitsschritt wurde die Choreografie schließlich von der Musikbegleitung getrennt, um sie als eine Spur (track) innerhalb eines trackwork-Verfahrens zu verwenden. Dabei wurden die Bewegungsabfolge und die Stimmen der Spieler als getrennte Elemente behandelt: Zunächst wurden Interview-Statements der Studierenden in einem Audio-Programm zusammengeschnitten. Während die Choreografie zu sehen ist, wurden die Stimmen auf der Tonspur eingespielt, um die Zuschauer so in eine Art Ratespiel zu verwickeln und dazu herauszufordern, die Stimmen den Darstellern zuzuordnen.

Körperlichkeit des Chores

trackwork

Sebastian Nübling: Zwischen Chaos und Konformität
Über die Schwierigkeit, ein Chor zu sein

Das erste bestimmende Merkmal für einen Chor ist ein gemeinsames Tun mehrerer Personen. Indem sie zusammen etwas ausführen, formieren sich die Einzelnen zum Chor: Sie singen ein Lied, sprechen einen Text oder bewegen sich gemeinsam.
Von Chor sprechen wir dann, wenn das gemeinsame Tun mehrerer Personen für alle Beteiligten (Schauspieler und Zuschauer) als Form der Darstellung erkennbar wird. Das gemeinsame Tun mehrerer Personen meint nicht (nur) die gleichzeitige Aktion, die sich wie im Ballett an Zählzeiten orientiert, sondern eine Form von Zusammenspiel, die von allen Spielerinnen ein großes Maß an Aufmerksamkeit und Flexibilität verlangt. Gemeinsames Tun in diesem Sinne ist ein empfindlicher Vorgang, ständig bedroht vom Zerfall der Gruppe in disparate Einzelwesen einerseits und vom bewusstlosen Sich-Selbst-Verlieren der Einzelnen in der Gruppe andererseits.

Sebastian Nübling, Chorisches Spiel II. Übungsbeispiele und Strukturelemente eines theatralen Verfahrens (1998), Seite 64

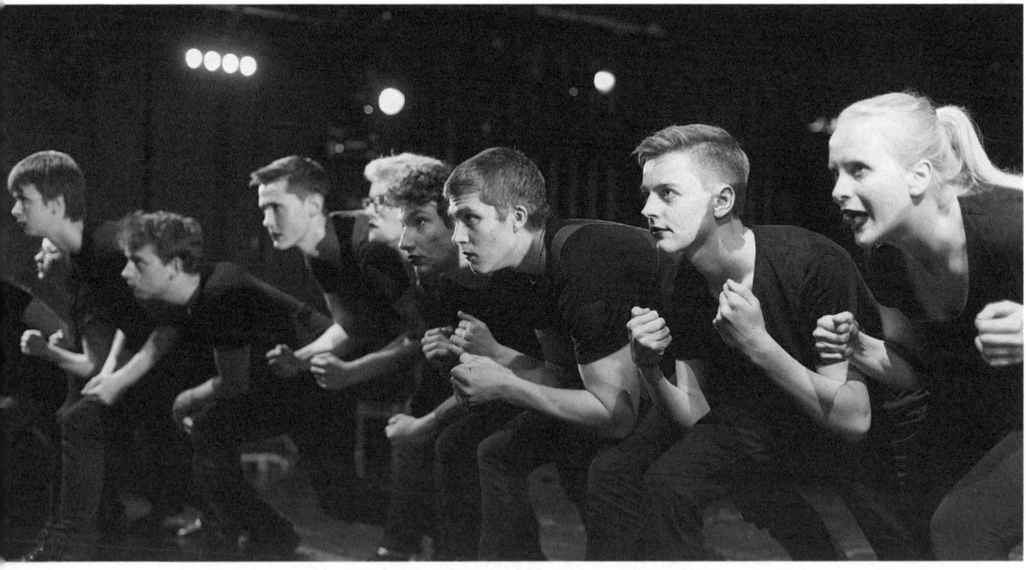

Abb. 19: *R.I.P. – Rest in Pieces*: Die Theater-AG des Hölty-Gymnasium Wunstorf präsentiert eine satirische Szenencollage zum Thema Krieg, Schultheaterfestival Jugend spielt für Jugend am Schauspiel Hannover 2015 (Leitung: Inta Funkner, Coach: Günter Kömmet), Foto: Isabel Machado Rios

Arbeitsphase 3: Handkes Gedicht diente schließlich als Vorlage, um die Möglichkeit der ‚Rhythmisierung vielfältiger Stimmen' zu entdecken. Erster Schritt: Die Selbstbefragungen aus Handkes Text wurden auf verschiedene Spieler verteilt und für einen Gruppenauftritt genutzt („Wann habe ich zum ersten Mal eine Tür mit eigenen Händen geschlossen?" „Wo habe ich zum ersten Mal in einem Stück Brot eine Ameise mitgegessen?"). Zweiter Schritt: Ein gemeinsamer Rhythmus, den die Spieler mit ihren Füßen herstellten, diente als Pulsgeber und Bezugsraster, um mit musikalischen Parametern des chorischen Sprechens zu experimentieren: von leise bis laut (Dynamik), von langsam bis schnell (Tempo), mit unterschiedlich langen Pausen, Stimmarten und Betonungen. Ziel der Übungen war eine möglichst konturenreiche, lebendige Sprechgestaltung auf der Basis des Metrums. Anhand kurzer Textsequenzen wurde mit verschiedenen Phrasierungen sowie der Vereinzelung von Stimmen im Gegensatz zum simultanen Sprechen gespielt. Die Ergebnisse aus der Kleingruppenarbeit wurden schließlich zu einer chorischen Partitur der Gesamtgruppe zusammengesetzt und im Ablauf geprobt. In einer unisono gesprochenen Textpassage am Schluss war der Chor auch als energetische Instanz erkennbar, der die Vielen zu einem Chorkörper eint. In Verbindung mit Handkes Text wurde der Sprechchor so insgesamt zum kollektiven „Verlautbarungsorgan" sowohl für die Normierung wie auch für die Befreiung der Subjekte durch Sprache (Roesner 2004, 115).

Musikalische Parameter des chorischen Sprechens

Chorische Partitur (ital. partire = ‚teilen', ‚abteilen', ‚einteilen', ‚verteilen')

Weiterführende Literatur

Post, Doris (2011) Individuum und Solidarität – ein Baustein zum chorischen Theater. In: Bundeszentrale für politische Bildung (Hg.)Theater probieren – Politik entdecken. Themen- und Materialienband. Bonn, S. 13–46

Leitfragen zu chorischen Spielweisen

- Welche kollektiven Haltungen werden durch den Chor verkörpert (Chronist, Erzähler, Kommentator, Widerpart, Stimme des Gewissens etc.)? Welche individuellen Haltungen und Darstellungsvarianten werden innerhalb des Chores sichtbar (Figurensplitting)?
- Ist das chorische Spiel eher heterogen, also auf Vielfalt und Varianz aus, oder ist es eher homogen, also auf gleichgerichtete Bewegungen und energetische Intensität angelegt? Verschmelzen die Mitwirkenden zu einer Einheit, einem Chorkörper – oder geht es insbesondere darum, die unterschiedlichen Temperamente und besonderen Spieler-Persönlichkeiten innerhalb des Chores kenntlich zu machen? Durch welche individualitäts- bzw. gemeinschaftsstiftenden Übungen und Impulse können entsprechende Darstellungsziele unterstützt werden?
- In welchem Verhältnis stehen einzelne Choreuten zum Gesamtchor? Welche Bilder vom Individuum und vom Zustand einer (Proben-)Gemeinschaft werden durch den Chor sichtbar?
- Welche musikalischen Parameter können bei der Rhythmisierung der Stimmen wirkungsvoll eingesetzt werden?

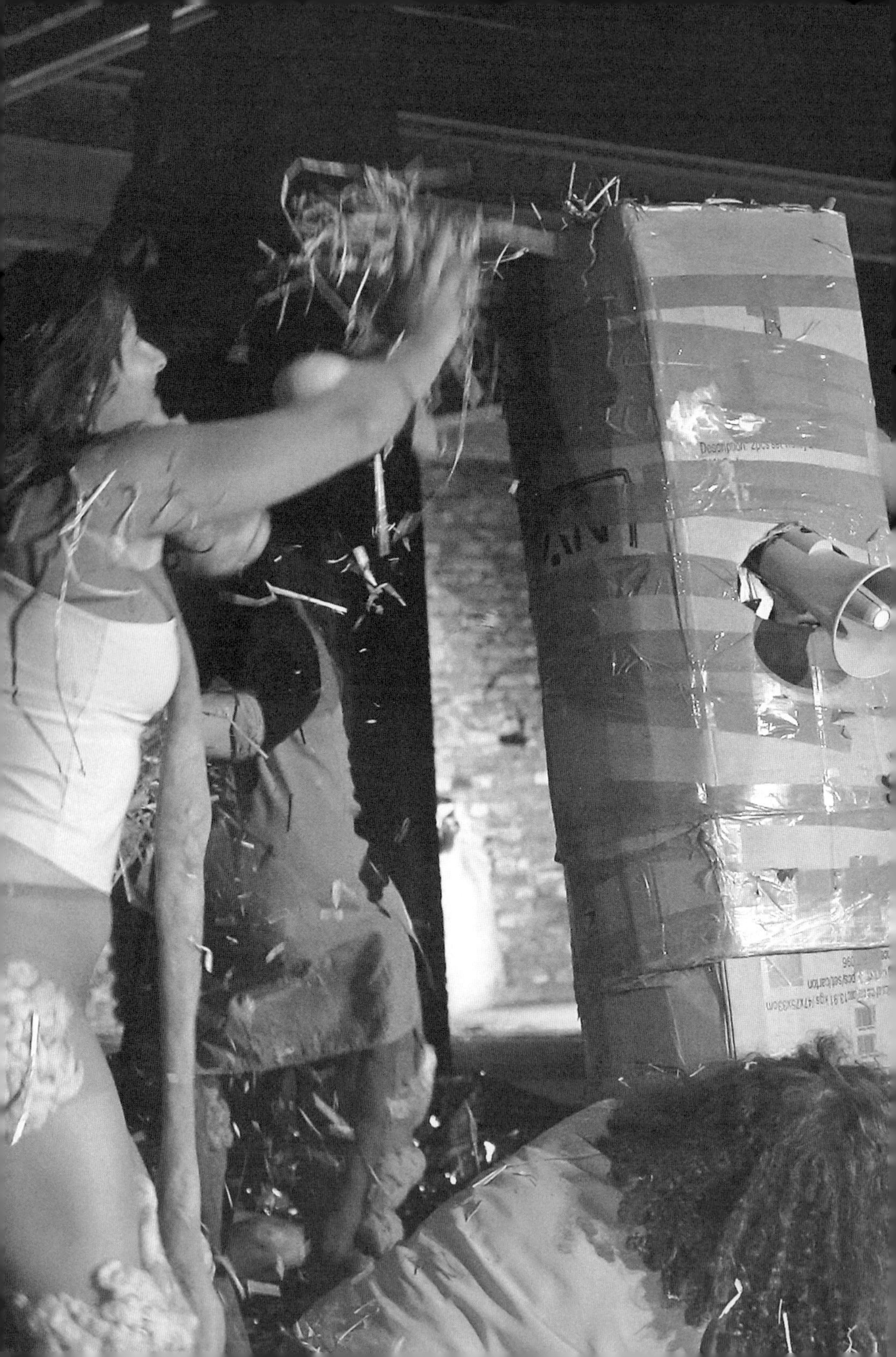

MATERIAL ENTWICKELN

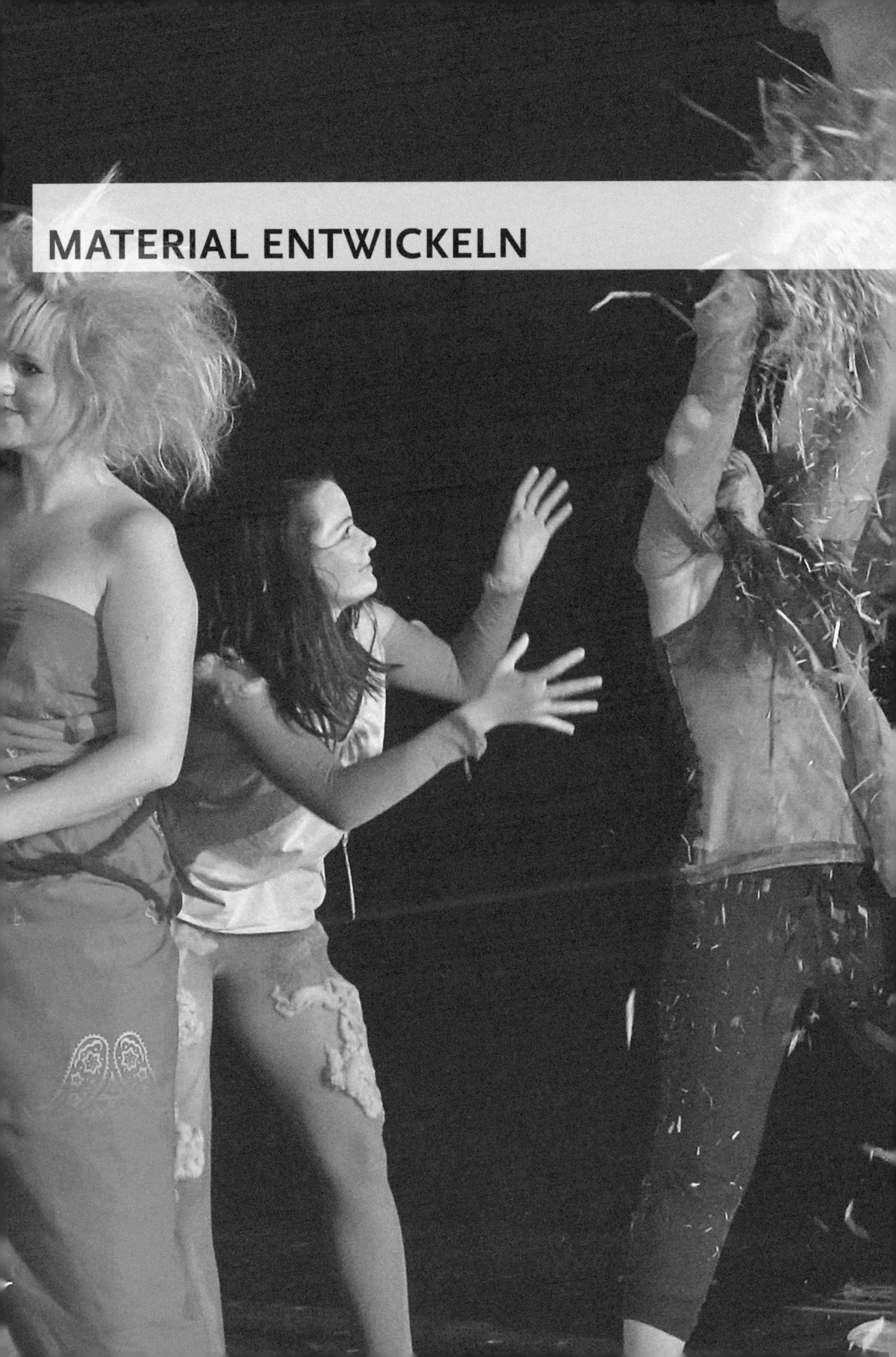

Abb. 20: *Ein Sommernachtstraum*: Eine internationale Gruppe Studierender findet eine eigene szenische Umsetzung für die Verwirrspiele zwischen Hof- und Feenwelt, Projektsemester Shakespeare:08, Universität Hildesheim, 2008 (Leitung: Birgit Lengers, Johannes Arnold), Foto: Andreas Hartmann

6 Material entwickeln

Theater als interdisziplinäre Kommunikationsform nutzt und integriert viele Ausdrucks- und Gestaltungsmöglichkeiten sowie Materialien – die Sprache, den Körper, Alltagsgegenstände, neue Medien. Der Begriff ‚Material' umfasst zunächst den gesamten Zeichenvorrat des Alltags (vgl. Pinkert 2012). Wenn Theaterleute von ihrem Material sprechen, wollen sie mit diesem Begriff deutlich machen, dass die Bedeutung und die szenische Funktion eines Textes, eines Objekts oder eines musikalischen Motivs nicht schon zu Probenbeginn feststeht, sondern Gegenstand künstlerischer Entscheidungen ist. Diese ‚Rohstoffe' müssen erst gefunden, gemeinsam bearbeitet und im szenischen Gesamtzusammenhang erprobt werden. Der Materialbegriff unterstreicht also das Offene und prinzipiell Unabgeschlossene am Theaterprozess, der ja keineswegs mit der Generalprobe endet, sondern erst im Moment der Aufführung den Deutungen und Sinnzuschreibungen des Publikums überantwortet ist.

Material: Der Zeichenvorrat des Alltags

Theodor W. Adorno: Zum Material-Begriff

Material dagegen ist, womit die Künstler schalten: was an Worten, Farben, Klängen bis hinauf zu Verbindungen jeglicher Art bis zu je entwickelten Verfahrungsweisen ihnen sich darbietet: insofern können auch Formen Material werden; also alles ihnen Gegenübertretende, worüber sie zu entscheiden haben. [...] Auswahl des Materials, Verwendung und Beschränkung in seiner Anwendung, ist ein wesentliches Moment der Produktion.

Theodor W. Adorno, Ästhetische Theorie (1973), Seite 222

Bei den Überlegungen in diesem Kapitel liegt ein Schwerpunkt auf verschiedenen Verfahren, Textmaterial zu finden bzw. zu bearbeiten. Dabei werden verschiedene Methoden vorgestellt, wie Projektteilnehmer selbst Texte produzieren oder sich anverwandeln können. Der Arbeit an und mit fiktionalen und nichtfiktionalen Texten wird hier auch deshalb ein gebührender Platz eingeräumt, weil die produktive Wechselwirkung von Text und Inszenierung für Theater – seit seinen Anfängen in der Antike bis heute – eine stete Quelle der Inspiration und der Erneuerung ist.

Schwerpunkt Stückentwicklung

Zunächst werden Formen des Dokumentierens, Recherchierens und Methoden der theatralen Forschung vorgestellt. Ein verbindendes Merkmal dieser Ansätze besteht zum einen in der Abkehr von dramatischen Texten, zum anderen in dem Anspruch, die Konstruktion sozialer Wirklichkeit wie unter einem Brennglas genauer zu beobachten (vgl. Koch 1997). Theater wird als Analyseapparat benutzt, um die Besonderheit eines Ortes, eines Objekts, die Spezifik eines historischen oder aktuellen gesellschaftlichen Phänomens und – eben besonders häufig – die Lebensgeschichten der Spielenden oder ihrer Angehörigen aus unterschiedlichen Perspektiven zu erörtern und spielerisch zu befragen. Dabei sind jeweils die Chancen und Probleme zu bedenken, die sich mit den verschiedenen Vorgehensweisen verbinden: Welche theatrale(n) oder soziale(n) Wirklichkeit(en) werden hier erkundet – und warum?

Multiperspektivität

6.1 Dokumentarisches Theater

Eine Möglichkeit, szenische Texte zu generieren, besteht darin, zu einem Thema auf Protokolle und Dokumente zurückzugreifen, die in der sozialen Wirklichkeit bereits vorliegen. Dabei wechselt Material aus seinem angestammten gesellschaftlichen Kontext (Justiz, Wirtschaft, Journalismus etc.) in den ästhetischen Diskurs. Mit dem Begriff des Dokumentarischen verbindet sich die Möglichkeit, Fakten und Belege für eine bestimmte historische oder soziale Situation im Reflexionsraum des Theaters zu bearbeiten und neu sichtbar zu machen. Dabei stellt sich die Frage nach der Perspektivierung des Materials und dem Grad seiner Fiktionalisierung – etwa durch Auswahl und Kürzung von Texten, aber auch durch deren szenische Neukontextualisierung.

Notizen zum dokumentarischen Theater

Die Wurzeln des zeitgenössischen Dokumentartheaters liegen weit zurück in dramatischen Texten, in denen historische Stoffe oder juristische Quellen bearbeitet werden: von Johann Wolfgang Goethes *Götz von Berlichingen* und Friedrich Schillers *Wallenstein*-Trilogie über Georg Büchners *Dantons Tod* bis hin zu Gerhart Hauptmanns *Die Weber*. Bei diesen Beispielen handelt es sich jedoch um Dramen, die sich noch an realistisch und linear erzählten Handlungssettings orientieren, während im dokumentarischen Theater des 20. und frühen 21. Jahrhunderts die Montage bzw. collageartige Szenenfolgen bevorzugt werden.

Ein wegweisendes Modell, das bis heute einen wichtigen Referenzpunkt darstellt, skizziert der Schriftsteller Peter Weiss in seinen berühmten *Notizen zum dokumentarischen Theater*, die er im Jahr 1968 in der Zeitschrift *Theater heute* veröffentlicht:

Das dokumentarische Theater ist ein Theater der Berichterstattung. Protokolle, Akten, Briefe, statistische Tabellen, Börsenmeldungen, Abschlussberichte von Bankunternehmungen und Industriegesellschaften, Regierungserklärungen, Ansprachen, Interviews, Äußerungen bekannter Persönlichkeiten, Zeitungs- und Rundfunkreportagen, Fotos, Journalfilme und andere Zeugnisse der Gegenwart bilden die Grundlage der Aufführung. Das dokumentarische Theater enthält sich jeder Erfindung, es übernimmt authentisches Material und gibt dies, im Inhalt unverändert, in der Form bearbeitet, von der Bühne aus wieder. [...]

Die Stärke des dokumentarischen Theaters liegt darin, daß es aus den Fragmenten der Wirklichkeit ein verwendbares Muster, ein Modell der aktuellen Vorgänge, zusammenzustellen vermag. Es befindet sich nicht im Zentrum des Ereignisses, sondern nimmt die Stellung des Beobachtenden und Analysierenden ein. Mit seiner Schnittechnik hebt es deutliche Einzelheiten aus dem chaotischen Material der äußeren Realität hervor. Durch die Konfrontierung gegensätzlicher Details macht es aufmerksam auf einen bestehenden Konflikt, [...]. [...] Das dokumentarische Theater ist parteilich.

Peter Weiss, Notizen zum dokumentarischen Theater (1968), Seite 33–34

Weiss' *Notizen* kann man als eine Art Manifest lesen, sie ermöglichen einen kursorischen Überblick über wesentliche Merkmale dieser Theaterform:

1. *Gegenstandsbezug: Dokumentarisches Theater zitiert aus Dokumenten und zeitgeschichtlichen Quellen, die in der sozialen Wirklichkeit bereits vorliegen.*
   Weiss legt besonderen Wert auf die Feststellung, dass das dokumentarische Theater nichts „erfindet", also nichts fiktionalisiert. Das Dokument dient als Versatzstück in einer Beweiskette, als Beleg für eine bestimmte (historische) Tatsache. Aufgrund dieser Bezugnahme auf die Vergangenheit wird dokumentarisches Theater auch als spezifische Ausprägung des Geschichtsdramas verstanden.
2. *Ziele: Dokumentarisches Theater beleuchtet tabuisierte oder verschwiegene gesellschaftliche Themenkomplexe, über die sonst nur wenig oder einseitig berichtet wird.*
   Weiss bezeichnet seine kritisch-aufklärerische Position als „parteilich" – wohl nicht zuletzt im Sinne seiner marxistischen Orientierung, der es auch um die Entlarvung dominierender Interessengruppen und um die Aufdeckung (verschwiegener) ökonomischer Machtverhältnisse ging. Ein Beispiel ist das Dokumentartheaterstück *Die Ermittlung. Oratorium in 11 Gesängen* (1965), dessen Aufführung eng mit der Hoffnung verknüpft gewesen ist, die in den 1960er Jahren weitgehend tabuisierten Bedingungen des Holocaust zu thematisieren und das Theaterpublikum zu einer Reflexion politischer Haltungen zu bewegen.

3. *Strukturmerkmal: Dokumentarisches Theater zeigt eine Auswahl der Fakten und Materialien in collageartigen Szenen. Sein wichtigstes strukturierendes Prinzip ist die Montagetechnik.*
Von besonderer Aktualität ist, wie oben bereits angedeutet, Weiss' Hinweis auf eine „Schnitttechnik", die „deutliche Einzelheiten aus dem chaotischen Material der äußeren Realität hervor[hebt]." In seinem Dokumentartheaterstück *Die Ermittlung* montiert Weiss aus den Protokollen des Frankfurter Auschwitz-Prozesses (1963-65) ein „Konzentrat", nämlich aus den Aussagen der 18 Angeklagten, der Angehörigen des Aufsichts-, Sanitäts- und Wachpersonals von Auschwitz und aus 300 Zeugenaussagen.
4. *Probleme und Widersprüche: Dokumentarisches Theater zeichnet sich aus durch das Spannungsverhältnis zwischen belegbaren zeitgeschichtlichen Fakten und deren formalästhetischer Gestaltung.*
Bei der Lektüre von Weiss' Notizen treten offene Fragen und Probleme zutage, mit denen sich Dokumentartheatermacher bis heute beschäftigen: Diskussionsstoff bietet seither die Frage nach dem Authentizitätsgrad bzw. nach dem Realitätsgehalt der im dokumentarischen Theater verhandelten Fakten, d. h. nach der Zuverlässigkeit und der Glaubwürdigkeit des so genannten „authentischen Materials" (s. o.), denn: „In welchem Sinne [...] kann ein Dokument authentisch bleiben, nachdem es aus seinem urspünglichen Zusammenhang gerissen, vereinfacht, zusammengefaßt, umgeschrieben, erklärt, ergänzt und von einem Schauspieler auf der Bühne gesprochen wurde?" (Barton 1987, 9)

Weiterführende Literatur:
Barton, Brian (1987) Das Dokumentartheater. Stuttgart

Ein Beispiel für die dokumentarische Auseinandersetzung mit historischen Quellen in der theaterpädagogischen Praxis: In einem Workshop der Fachtagung „Geschichte und Geschichten auf der Bühne" montierten 14- bis 19-jährige Jugendliche aus Erinnerungen der Cellistin Anita Lasker-Wallfisch, aus Briefen sowie aus Dokumenten, eine szenische Lesung, die sich an den Erlebnissen der Auschwitz-Überlebenden in der Zeit von 1939 bis 1945 orientierte (Schwerin 2012). Damals war die inzwischen 91-jährige Zeitzeugin zwischen 14 und 20 Jahre alt und gehörte zum Mädchenorchester des Konzentrationslagers (vgl. Lasker-Wallfisch 2011). Während ihre biografischen Texte nicht erst durch ihre Anwesenheit bei der Aufführung als historisch verbürgte Primärquellen gelten, mussten sich die Jugendlichen mit der historischen Distanz auseinandersetzen, die sie als Nachgeborene von der Zeit des Nationalsozialismus trennt. Und sie suchten eine Antwort auf die heikle Frage, in welcher Weise eine heutige theatrale Darstellung den damaligen Erfahrungen in moralischer und historischer Hinsicht gerecht werden kann.

Boris Nikitin: Zwischen Fakten und Fiktion
Das Dilemma des Dokumentarischen

Das Dilemma dokumentarisch arbeitender Künstler ist, dass sie bei dem Versuch, die Wirklichkeit oder einen Ausschnitt daraus darzustellen, immer auf ihre Ideen von „Wirklichkeit" zurückgeworfen werden – und damit auf die subjektiven, selektiven Vorannahmen und verinnerlichten Normen, durch die ihr Blick geprägt ist.

Boris Nikitin, Der unzuverlässige Zeuge. Zwölf Behauptungen über das Dokumentarische (2014), Seite 14

Eine Vorauswahl der Texte und thematischen Schwerpunkte (Ausgrenzung, Diskrimierung, Mobbing), dazu eine Reihe von Aufgaben und Übungen erleichterte es den Jugendlichen, aktuelle Erfahrungen in die Darstellung einzubringen (Leitung: Doris Post, Helen Peyton). Im Workshop bot sich ihnen die Chance, eigene Bezüge zum Thema herzustellen und, analog zu den Erlebnissen der jungen Anita, selbst Texte zu verfassen. Im weiteren Verlauf werteten sie Ausschnitte aus dem historischen Material aus, zu denen sie Gesten, szenische Aktionen und Bilder erfanden, um sie dann mit Sprache zu ergänzen. So wurden die historischen Umstände einerseits mit der gebührenden Sorgfalt behandelt, andererseits dem Vergangenen etwas Eigenes für die szenische Gegenwart abgewonnen: Die spätere Aufführung, die man anhand einer 20-minütigen Projektdokumentation online nachvollziehen kann (http://tinyurl.com/Lasker-Wallfisch), startete mit persönlichen Statements der Jugendlichen. Wechselnde Schauplätze standen für biografische Stationen der jungen Anita, die von den Spielerinnen chorisch dargestellt wurde; erst bei der Darstellung der Jahre kurz vor der Deportation kippte die anfängliche Leichtigkeit der Szenenfolge ins Bedrückende.

Die Lebensgeschichte der Cellistin wurde in ihrer Einzigartigkeit gewürdigt und verwies zugleich deutlich auf die Gegenwart – durch heutige Jugendliche, die ihren Umgang mit der Vergangenheit öffentlich transparent machten. Gerade in diesem Sonderfall war es für den Theater- wie für den Bildungsprozess entscheidend, „den Spielenden und dem Publikum Raum zu lassen, sich ein eigenes Urteil zu bilden, und freizustellen, wie sie mit dem Thema umgehen möchten" (Donath 2012). Denn letztlich eröffnete die Aufführungssituation eine Chance, die „postulierte Wahrheit" als gemeinsam „erlebte Wahrheit" zu reflektieren – ganz im Sinne eines zeitgenössischen Dokumentartheaters, das die eigenen Ansprüche, Bedingungen und Möglichkeiten hinterfragt (Tobler 2014, 151). Über die Bearbeitung historischen Textmaterials hinaus, wie beispielweise in den Dramen eines Peter Weiss oder in dem oben beschriebenen aktuellen Beispiel, dient der Begriff des Dokumentarischen mittlerweile als Synonym für die künstlerische Auseinandersetzung mit dem Alltag, dem urbanen Raum, mit ‚der' Wirklichkeit als Material schlechthin. Im weitesten Sinne gelten nun sogar die Performer oder die Alltagsexperten, die durch ihr Erscheinen auf der Bühne für bestimmte ‚wahre' Begebenheiten oder persönliche Erfahrungen bürgen, als Beleg, als Zeugnis – als Dokument.

Weiterführende Literatur

Nikitin, Boris; Schlewitt, Carena; Brenk, Tobias (Hg.) (2014) Dokument, Fälschung, Wirklichkeit. Materialband zum zeitgenössischen Dokumentarischen Theater. Theater der Zeit, Recherchen 110, Berlin

Leitfragen zur Theaterarbeit mit historischen Dokumenten

- Wie kann die historische Distanz in der szenischen Gegenwart bearbeitet, gezeigt, kompensiert werden? Welche Dokumentpassagen sind interessant und faszinierend? Gibt es Parallelen zu eigenen Erfahrungen, Krisensituationen, ungelösten Konflikten?
- Welche Perspektiven auf das historische Geschehen spiegeln sich in dem dokumentarischen Material? Enthält es Widersprüche? Gibt es Tabuthemen, Tabugrenzen?
- Welche szenischen Mittel eignen sich für den ausgewählten und als relevant eingeschätzten Textfundus?

6.2 Recherecheverfahren

Im vorigen Abschnitt wurde die Auswahl und Bearbeitung *vorgefundener* „Zeugnisse der Gegenwart" (Peter Weiss) als ein charakteristisches Merkmal dokumentarischer Theaterarbeit hervorgehoben. Demgegenüber akzentuiert der aus dem Journalismus stammende Begriff der Recherche stärker den Versuch, *selbst* neues Textmaterial zu generieren. Häufig wird zum Beispiel das Interview bzw. das Expertengespräch genutzt, um zu einem Thema neues Wissen zu erschließen, das ohne solche Verfahren nicht an die Öffentlichkeit gelangen würde.

Ein interessantes Beispiel dafür ist das Rechercheprojekt *Fluchtpunkt Berlin*, an dem 18 Jugendliche in unterschiedlicher Funktion als Musiker, Spieler und im Recherche-Team teilnahmen, um sich bei einem „Trainingscamp für Heimweh" mit der Frage zu beschäftigen, „wo und warum Menschen ihre Heimat verlassen" (Rausch 2013a, 8). Unter der Leitung des Autors und Regisseurs Tobias Rausch wurden dazu rund 40 Interviews geführt und zu einem Theaterabend verdichtet (Junges Deutsches Theater Berlin, 2013). Der Rechercheprozess, der neben den Interviews für Rausch ausdrücklich auch die „Stückentwicklung, die Diskussionen und das Spielen" umfasst (ebd.), wird im Folgenden – anhand von Selbstaussagen der Produzenten und unter Bezugnahme auf Theaterkritiken – skizziert:

„Trainingscamp für Heimweh"

Wie führt man ein gutes Interview?

„Wir haben erst mal gelernt, wie man überhaupt ein gutes Interview führt. Wie man offene Fragen formuliert, Interesse entwickelt usw.", berichtet eine der Teilnehmerinnen im Programmheft zur Inszenierung. Dabei sei es vor allem darum gegangen, „eine Art Blase um sich herum zu erschaffen, in die der Interviewte zurück in die Erinnerung geht, quasi in die Geschichte eintaucht. Interessant sind ja konkrete Details und Bilder, nicht Daten und Fakten" (ebd., 11). Die Jugendlichen sollten ein Gespür dafür entwickeln, dass bildhafte Situationen, Krisenszenarien, aber auch eigenwillige Sprachspiele und Pointen interessanter sind als eine glatte, lineare Erzählung (vgl. Rausch 2014). Vor diesem Hintergrund wurden ausdrücklich nicht Geschichten gesucht, die laut Rausch nur einmal mehr bestätigt hätten, „was man vom Flüchtlingsein erwartet". Um Betroffenheitskitsch oder Elendsvoyeurismus zu vermeiden, wurde das Rechercheprojekt unter die weiter gefasste anthropologische Frage gestellt, warum „Migration eigentlich der Normalzustand und Sesshaftigkeit die Ausnahme" ist – und was ein Zuhause als „Transitzustand im Hier und Jetzt" bedeutet (ebd., 8). Ausgehend von dieser erkenntnisleitenden Fragestellung wurde ein großer Schatz an konkreten, eigenwilligen Geschichten gesammelt – von Bürgerkriegsflüchtlingen aus dem Kosovo, von „Vertriebenen nach dem Zweiten Weltkrieg", von „Menschen, die für den Braunkohleabbau umgesiedelt wurden" oder von „Familien, die nach dem Atomunfall in Fukushima nach Deutschland gekommen sind" (ebd., 9).

Kombination von Texten und Motiven

Doch mit den unbearbeiteten Interviews allein war ja noch nicht viel gewonnen. Im Folgenden ging es daher an die Auswertung und Kürzung des umfangreichen Textmaterials. Dazu wurden zentrale Motive und Bausteine isoliert und neu kombiniert. In manchen Fällen behielt man den charakteristische Erzählduktus der Befragten möglichst exakt bei, manchmal wurden aber auch Sätze oder ganze Passagen aus verschiedenen Gesprächen zusammengelegt und miteinander verschnitten, um sie so in eine bühnenwirksame literarische Form zu überführen und interessante Kunstfiguren zu schaffen. Für die geplante Inszenierung entstand schließlich, wie die Theaterkritikerin Simone Kaempf treffend schrieb, eine „handlungsbeschleunigte Collage unterschiedlicher Spielszenen" (Kaempf 2013).

‚Scripted reality'
Vorbereitung, Durchführung, Auswertung eines Expertengesprächs

1. *Vorbereitung: Die Gesprächsleitung muss sich ein geeignetes ‚Feldwissen' zum persönlichen Hintergrund und zum Handlungsbereich der Befragten aneignen.*
Dies ist nicht nur die Voraussetzung für eine angemessene Wertschätzung der Befragten, sondern auch dafür, die richtigen Anschlussfragen stellen zu können. Die Gesprächsleitung sollte auf einem mentalen ‚Spickzettel' bereits notiert haben, was für die Befragten wichtig sein könnte. Wichtig für einen vertrauensvolles Gespräch ist natürlich auch, dass die Bedingungen für die geplante Transkription bzw. Veröffentlichung genau besprochen und eingehalten werden: In der Regel sichert man den Befragten die Anonymisierung vertraulicher biografischer Angaben zu. Gegebenfalls sollte die transkribierte Fassung des Gesprächs von den Befragten autorisiert werden.

2. *Durchführung: Die Gesprächsleitung ist dafür verantwortlich, dass das Gespräch in einer vertrauensvollen Atmosphäre stattfindet und genügend Zeit zur Verfügung steht.*
Sie sollte die wichtigsten Fragen zur Absicherung zwar (auswendig) parat haben, braucht zugleich aber ein offenes ‚mindset'. Um den Interviewten ein freies Erzählen zu ermöglichen, sollten vor allem Fragen gestellt werden, auf die sie nicht mit Ja oder Nein antwortet können, sondern die ermuntern, von Haltungen, Entscheidungen oder Handlungen zu erzählen. Durchaus geeignet sind Rückfragen wie: „Sie haben eben gesagt, dass ... – Könnten Sie dazu noch weitere Beispiele geben oder Erfahrungen schildern?" Manchmal hilft es auch, nach einer Antwort ohne eine neue Frage auf die Fortsetzung der Erzählung zu warten. Vorsicht ist angebracht mit Suggestivfragen, die bereits vorgefertigte Meinungen bzw. ein vorgefertigtes Auswertungskriterium enthalten. Sie können den Gesprächsfluss zwar aufrecht erhalten, verfälschen jedoch ein sauberes Auswertungsergebnis. Manchmal kann es sich als sinnvoll erweisen, Gespräche zu wiederholen.

3. *Auswertung: Die Transkription sollte den Sprachduktus und die Gedankenwelt der Alltagsexperten möglichst genau wiedergeben.*
Für die Theaterarbeit kann es besonders fruchtbar sein, die sprachlichen Eigenheiten der Befragten genau festzuhalten, um sie in der szenischen Arbeit zu nutzen (Zäsuren, Betonungen, Akzente, Dialekte). Es lassen sich drei Ebenen der Textbearbeitung grob unterscheiden:

a. Auf der Makroebene geht es darum, die transkribierten Äußerungen für die weitere Stückentwicklung zu sichten und grob thematisch zu sortieren; dabei ist es hilfreich, unterschiedliche Querverweise zu markieren.

b. Auf der mittleren Bearbeitungsebene geht es darum, konstitutive Elemente des transkribierten Textes und wiederkehrende Motive herauszufiltern, um Kategorien bzw. inhaltliche Schwerpunkte zu bilden. Dabei müssen Entscheidungen getroffen werden, um das Material stringenter zu ordnen und als dramaturgische Bausteine in eine schlüssige und überraschende Abfolge zu bringen.
c. Auf der Mikroebene, auf der sich auch die szenischen Versuche mit den Texten bewegen können, geht es um die Bearbeitung einzelner Textfragmente im Detail: Nun wird radikal gekürzt; häufig werden Textfragmente auch umgestellt, verschränkt und auf verschiedene Sprecher verteilt (monologisch, dialogisch, chorisch); Texte können u. U. auch neuen Figuren bzw. Darstellern zugeordnet, Personalpronomen geändert werden.

Die Bearbeitung der Interviews fand teils vor, teils parallel zu den Versuchen statt, in denen die Jugendlichen die Erzählungen der Befragten szenisch erprobten. Das breite Spektrum an Fluchtgeschichten, die sich im Wald, in der Einwanderungsbehörde oder im Asylantenheim abspielten, wurde dabei auf einer Bühne voller Schrägen, Treppen und Nischen gebündelt: Die Trümmer und Reste eines zerfallenen Zuhauses dienten den Spielern nicht nur als Rückzugsort und Versteck, sondern wurden „im Parkour-Style mit Sprüngen und akrobatischen Volten“ auch sportlich genutzt (ebd.).

Die Spieler als ‚Stellvertreter‘ für Originale

Einerseits fungierten die Spieler auf der Bühne als Stellvertreter für die befragten Originale, andererseits mussten sie sich laut Rausch „mit dem Material so auseinandersetzen, dass am Schluss klar wird: Das ist ihre Geschichte!“ (Rausch 2013b). In der Inszenierung wurde für diesen Widerspruch ein chorisches „Prinzip des gemeinschaftlichen Erzählens und Zuhörens“ etabliert (Kaempf 2013), das einen raschen Wechsel der Rollen und die gemeinsame Reflexion der Darstellung ermöglichte. Das Publikum hörte die Interviewfragen, die zu der Inszenierung geführt hatten („Was heißt es, auf der Flucht zu sein?“ „Was heißt es, seine Heimat zu verlieren?“); es erlebte mit, wie die Spieler alternative Szenenlösungen diskutierten („Das müssen wir jetzt irgendwie auf die Bühne bringen!“). Die Spieler verwiesen so immer wieder auf die Ausgangsbedingungen ihrer eigenen Recherche- und Theaterarbeit – und damit auf das Privileg, überhaupt Zugang zu einem Darstellungsmedium wie dem Theater zu besitzen.

Tipps für die künstlerische Feldforschung

1. Verlass das Haus niemals ohne Stift und Notizbuch
2. Wenn Du mit der Methode des genauen Hinsehens oder Hinhören arbeitest, arbeitest Du am besten alleine
3. Respektiere die Gemeinschaft, die du erforschst. Das betrifft alle Aspekte der Natur, menschliche oder sonstige (und beinhaltet auch öffentliches oder privates Eigentum)
4. Falls Du danach gefragt werden solltest, was Du da machst. Der Satz: Ich führe eine Forschungsarbeit durch" reicht für gewöhnlich auch dem neugierigsten Nachfrager
5. Erwarte das Unerwartete (und es wird dir begegnen)

Keri Smith, Wie man sich die Welt erlebt (2011), Seite 25

Du solltest Dich nicht als Missionar oder Sozialarbeiter aufspielen. Es steht dir nicht zu, „erzieherisch" auf die vermeintlich „Wilden" einzuwirken. Du bist kein Richter, sondern lediglich Zeuge! Du musst eine gute Konstitution haben, um dich am Acker, in stickigen Kneipen, in der Kirche, in noblen Gasthäusern, im Wald, im Stall, auf staubigen Straßen oder sonstwo wohl zu fühlen. Dazu gehört die Fähigkeit, jederzeit zu essen, zu trinken und zu schlafen.

Roland Girtler, Methoden der Feldforschung (2001), Seite 185

Leitfragen für Rechercheprojekte

- Formulieren Sie ein Erkenntnisinteresse, einen Rechercheauftrag: Welche Recherchestrategien, welche Methoden der Feldforschung sind für die Fragestellung geeignet? Wo können Sie ‚Experten' für Ihr Thema finden?
- Inwieweit ist die vorgefundene ‚Alltagswirklichkeit' selbst theatral strukturiert? Wie kann man diese Alltagsinszenierungen im Theater ‚uminszenieren', befragen und bearbeiten? Welche Verantwortung ergibt sich dabei gegenüber dem untersuchten sozialen Feld, gegenüber den Befragten, für die Spieler – und für das Publikum?
- Inwiefern werden die angewandten Rechercheverfahren auch noch im Aufführungsergebnis sichtbar gemacht?

6.3 Theatrale Forschung

Projekte, Tagungen und Publikationen zu ‚forschendem Theater' und ‚ästhetischer Forschung' (‚Artistic Research') belegen ein stark gewachsenes Interesse an Formen und Möglichkeiten, Wissen performativ hervorzubringen, zu veranschaulichen und öffentlich zu präsentieren. Häufig gebrauchte Begriffe wie ‚Akademie', ‚Labor', ‚Experiment', ‚Feldforschung' zeigen an: Bildende Künstler und Theaterleute des 21. Jahrhunderts suchen verstärkt die Nähe zur Wissenschaft, begreifen sich als Forschende, die eine Frage untersuchen oder eine These überprüfen, um sie aus unterschiedlichen Perspektiven zu erörtern und spielerisch zu befragen. Im Gegenzug gerät die ‚Wissensformation' Theater selbst als Zeichensystem und als Aufführungspraxis in den Blick.

Theater als Wissensformation

Die konkreten Arbeitsweisen und -ergebnisse, die sich unter dem weiten Dach der theatralen Forschung versammeln, sind durchaus unterschiedlich. Gemeinsam ist ihnen grundsätzlich der Anspruch, dem kognitiven Kompetenzerwerb eine stärker handlungsbezogene Wissensproduktion und einen sinnlich-intuitiven Zugang zu Erkenntnis entgegenzusetzen. Dieser Begründungszusammenhang theatraler Forschung hat an Schulen und Hochschulen und im Diskurs um kulturelle Bildung auch deshalb für Furore gesorgt, weil er darauf abzielt, die sonst üblichen Hierarchien innerhalb der Wissensgesellschaft abzubauen und zu unterlaufen: Es geht um mehr Teilhabe *aller* Mitglieder der Gesellschaft an Forschungsprozessen, um eine Art Wissensdemokratie (vgl. Peters 2013). Theatrale Forschung hat – in Anlehnung an wissenschaftliche Erkenntnisprozesse – verschiedene Verfahren der Aneignung, Bearbeitung und Präsentation von Wissen hervorgebracht. Drei praxisbezogene Aspekte, die in vielen Projektberichten thematisiert werden, sind dabei besonders hervorzuheben. Sie sind nicht zwingend in einem zeitlichen Nacheinander strukturiert, sondern überschneiden bzw. durchdringen einander:

Demokratisierung des Forschens

1. Ein Forschungsinstitut gründen: *Die Mitwirkenden arbeiten innerhalb eines eigens dafür gegründeten (erfundenen) Experimentalsystems, in so genannten Laboren. Sie begreifen sich als Forschende und übernehmen dabei bestimmte Rollen.*

„Achtung, Erkenntnis!“

Ein konkretes Beispiel ist das fächerübergreifende, interdisziplinär angelegte Fortbildungs- und Theaterexperiment *Achtung, Erkenntnis!*, das an der Hector-Peterson-Schule in Berlin-Kreuzberg stattfand. In der Zusammenarbeit zwischen Künstlerinnen, Fortbildern, Lehrerinnen und Schülern ging es darum, „SprachRäume und SprechOrte“ ästhetisch-künstlerisch zu entdecken. Bei der Projektwerkstatt *Krasse Kresse* etwa handelte es sich um einen bewusst niedrigschwelligen didaktisch-methodischen Ansatz für Schüler und Schülerinnen eines neu zusammengesetzten siebten Jahrgangs mit erhöhtem Förderbedarf, die noch über keinerlei Vorerfahrungen mit Performances und Theater verfügten (Leitung: Franziska Pester, Johannes Mölders). Die Kinder trugen grüne Schürzen, schlüpften in die Rolle von Gärtnerinnen – und widmeten sich im „Kresse-Labor“ ihrem Forschungsobjekt: Sie wandelten „mit ihrer eigenen, gepflanzten Kresse durch die ganze Schule“, zeigten „der keimenden Kresse den neuen Ort“, suchten ihr „einen Lieblingsort in der Schule, wo sie wachsen und gedeihen kann.“ Ihre Untersuchungen waren getragen von der Neugier, wie man das Wachstum der Kresse befördert, woraus sie besteht, wie sie aussieht, riecht und schmeckt. Zugleich wurden diese Tätigkeiten im Umgang mit der Pflanze und den dazugehörigen Utensilien (Samen, Watte, Schalen, Wasser usw.) „von Anfang an“ auch als Material verstanden, „um ‚ins Performen‘ zu kommen“ und szenische Bilder zu entwickeln (Jurké 2015, 39). Zum Abschluss des fünfwöchigen Schulprojekts wurde eine „Krasse-Kresse-Show“ organisiert. Dabei erlebte das Publikum rappende „Kresse-Forscher“, „die Geburt einer Kressepflanze“ und erhielt durch Lecture Performances auf einer „Kresse-Party“ alle nur denkbaren Informationen, die man zur Aufzucht und Erhaltung der Pflanze benötigt.[4]

2. Eine Forschungsfrage bearbeiten, Experimente durchführen: *Aus der Versuchsanordnung und den damit verbundenen Rollen ergeben sich für die Forschenden konkrete Aufgabenstellungen, Rechercheaufträge, Handlungsmöglichkeiten.*

„Sind wir jetzt reich?“

Der Reiz einer Forschungsaufgabe oder -frage besteht darin, dass sie nicht bereits vorab beantwortet werden kann: Beim *Fundus Forschungstheater* in Hamburg zum Beispiel wurden Projekte mit Kindern als Experten initiiert, um Themen wie Zeit, Geld oder Piraten zu erforschen. Dabei wurde untersucht, wie Schulzeit ‚gemacht‘ wird, wie man als Erd-Astronaut neue Welten entdeckt – oder wie Geld entsteht bzw. ab wann man wirklich reich ist. Offene Forschungsfragen wie diese erweisen sich dann als besonders produktiv, wenn sie neugierig machen auf Überraschendes und Ungeahntes.

Das Labor als Planungsbüro

Der experimentelle Charakter theatraler Forschung betrifft auch die Position der Spielleitung, die ihre Vorannahmen aufs Spiel setzen bzw. überprüfen muss, um der theaterpädagogischen Forderung nach einer offenen Suchbewegung Rechnung zu tragen. Sascha Willenbacher beschreibt dies anhand eines Labors im Kontext der *Winterakademie* am Theater an der Parkaue, wo Künstler und Spezialisten – von der Architektin und Stadtentwicklern über Hörspiel- und Filmregisseure bis zu Choreographinnen und Szenographen – Labore zu speziellen Themen für Kinder und Jugendliche anbieten: Bei einem der Labore war „anfänglich geplant […], kritische Aktionen und Interventionen gegen Shopping-Malls zu entwickeln und vor Ort durchzuführen. In der Laborvorbereitung wurde massiv darüber diskutiert, inwieweit die Jugendlichen nicht lediglich sozial erwünscht agieren und am Ende das zeigen würden, was ohnehin schon von Anfang an von der Künstlerin in kritischer Absicht intendiert war. […] Die Vorfeldgespräche führten im Ergebnis dann dazu, dass sie ihr Labor als Planungsbüro behauptete, das den Auftrag hatte, ein ideales Shopping-Center zu bauen. Diese Behauptung lieferte eine Handlungsfolie, die das Durchführen von Tests und Vor-Ort-Recher-

---

4 Die filmische Dokumentation des Projekts von Detlef Fluch und Volker Juké ist kostenlos als DVD erhältlich (E-mail Kontakt: volju@t-online.de)

chen durch das Laborteam – inklusive der Künstlerin – motivierte.“ (vgl. Willenbacher 2014, 132)

3. Forschungsergebnisse aufbereiten, präsentieren und auswerten: *Die Versuchsanordnung wandelt sich auch in der Aufführung zum Experiment mit offenem Ausgang. Auch die Bühne wird zum Labor, die Spielerinnen werden zu forschenden Künstlerinnen und die Zuschauer zu Mitforschern oder Forschungsobjekten.*

Zum Konzept der alljährlich stattfindenden *Winterakademie* gehört es auch, dass die Labore abschließend in Präsentationsformate münden, in denen der individuelle Forschungsprozess live fortgeführt wird. Statt das jeweilige Forschungsdesign den Bedingungen von Theater unterzuordnen, wird umgekehrt danach gefragt, wie man den jeweiligen Forschungsprozess in die Aufführungssituation verlängern kann.

„Live-Forschung“

Das Format der Vortragsperformance

Wie lassen sich Forschungsergebnisse an ein Publikum vermitteln und bei der Präsentation ‚live‘ auf die Probe stellen? Die Lecture Performance bietet dafür eine – ästhetisch zweideutige – Darstellungsform, bei der sich wissenschaftlicher Vortrag und theatrale Darstellung vermischen. Während der Vortrag sich argumentativ an die Zuhörer wendet, kann die Performance durch den Akt des Zeigens über den Vortragsgegenstand hinaus deuten. Ein Vortrag wird zur Aufführung – und Wissensvermittlung zur Kunst. Die Lecture Performance nutzt visuelle Darstellungsmittel des Unterrichtens wie Grafiken, Bilder oder Videos, die auch als Präsentationsformen aus wissenschaftlichen Vorträgen bekannt sind. Wissenschaftliche Redesituationen werden in Lecture Performances also durch szenische Verfahren imitiert, hinterfragt – und dabei gelegentlich auch ad absurdum geführt.

Weiterführende Literatur:
Peters, Sybille (2011) Der Vortrag als Performance. Bielefeld

Das heißt: Der Zuschauer „muss mitmachen in irgendeiner Form, ist nicht nur durch Sehen beteiligt, sondern auch durch seine körperliche Präsenz und seine Bewegung.“ (Marsch 2014, 293): Dies kann zum Beispiel durch eine begehbare Installation oder einen Parcours geschehen. Eine entsprechende „Live-Forschung“ kann aber auch in der Befragung des Publikums bestehen. „Umfrageergebnisse können auf der Bühne als Diagramm präsentiert werden und von den Spielerinnen und Spielern kommentiert, dokumentiert oder ironisiert werden. Die Ergebnisse können mit Rechercheergebnissen verglichen werden, die live im Internet gefunden und nun neu kontextualisiert werden. In jeder Aufführung sind andere Ergebnisse zu erwarten. Zuschauer können im Bühnenraum positioniert werden, um Mengen- oder Größenverhältnisse zu verdeutlichen" (Mende 2016, 80).

Weiterführende Literatur

Forschungsmethoden am „FUNDUS Theater" Hamburg siehe online: http://tinyurl.com/Forschungstheater

Peters, Sybille (2013) Das Forschen aller. Artistic Research als Wissensproduktion zwischen Kunst, Wissenschaft und Gesellschaft. Bielefeld

Leitfragen zur theatralen Forschung

- Inwiefern wird bei der theatralen Forschung tatsächlich (neues) Wissen generiert?
- Mit welchen Methoden könnten Sie die Gruppe in den Prozess der theatralen Forschung einbeziehen und verstärkt dazu herausfordern, eigene künstlerische Experimente durchzuführen? Worin liegt der eigene Anteil der Gruppe am Forschungsprozess? Wer erforscht hier was, zu welchem Zweck und mit welchem Interesse?
- Welches Präsentationsformat wäre denkbar, das nicht bloß Ergebnisse abbildet, sondern die Forschung in der Aufführungssituation fortführt?

6.4 Zeitgenössische Theatertexte

Auch zeitgenössische Theaterliteratur, für den professionellen Theaterbetrieb verfasst, liefert interessante Stoffe und Spielanlässe für die theaterpädagogischen Praxis: ‚Lebende' Autoren haben die Ästhetik des Theaters immer wieder beeinflusst und erneuert

– und so nicht zuletzt auch dazu beigetragen, dass man die Älteren, die Klassiker, wieder anders und neu liest. In der (Post-) Dramatik der letzten 20 Jahre gibt es ganz unterschiedliche Schreibweisen und Handschriften zu entdecken: von den Klassikern der Postmoderne bis zu den Formexperimenten ganz junger Autorinnen und Autoren, von der Ästhetik eines „Anti- oder Schocktheaters" bis hin zu leichter zugänglichen, realistischen Formen (Haas 2009, 16). Die Bandbreite reicht – und jeder der folgenden Namen steht für einen eigenen Theaterkosmos – von den assoziativen Textflächen Elfriede Jelineks bis zu den well-made-plays eines Lutz Hübner, vom abgründig-gebrochenen Realismus einer Dea Loher über den sprachreflexiven Ansatz eines Martin Heckmanns bis zu den kapitalismuskritischen Gegenwartsstudien Falk Richters. Theatertexte, die an der Auflösung tradierter dramatischer Konventionen – Handlung, Figur, Dialog – arbeiten, in denen zum Beispiel statt autonomer, souveräner Individuen eher (Theorie-)Diskurse zur Sprache kommen (René Pollesch), lassen sich von Gegenwartsdramen abgrenzen, die wieder stärker mit Plots, mit traditionellem Instrumentarium

Jedes Gegenwartsdrama ist ein Theaterkosmos

Aufführungsrechte einholen

Wenn bei einer öffentlichen, kommerziellen Aufführung eine literarische Vorlage (Drama, Roman etc.) genutzt wird, ist dafür grundsätzlich die Zustimmung des Verlages bzw. der Urheberin einzuholen. Ein Theatertext ist geistiges Eigentum und darf nicht verändert werden. Als Tantiemen werden in der Regel etwa 10% der Kasseneinnahmen fällig. Will man einen zeitgenössischen Text bearbeiten und kürzen, muss man sich darüber mit dem zuständigen Verlag also erst einigen, indem man etwa eine Spielfassung einschickt. Dieser Urheberschutz endet 70 Jahre nach dem Tod einer Autorin oder eines Autors, das heißt, erst danach können Texte ohne Genehmigung gekürzt oder verändert werden. Urheberrechtlich geschützt sind auch die Übersetzungen fremdsprachiger Stücke (z. B. von Shakespeare oder Molière).
Ausgenommen sind nichtöffentliche Aufführungen, z. B. eine Präsentation für den Parallelkurs oder für ein begrenztes Publikum aus Eltern und Schülerinnen innerhalb der Schule.

Nähere Informationen unter:
Hessisches Kulturministerium (Hg.) (2013) Leitfaden Urheberrecht für die Kulturelle Praxis in Schulen. Darstellendes Spiel, Musiktheater, Musical, Konzerte, Lesungen, Filmvorführungen. Wiesbaden
Siehe online unter http://tinyurl.com/Leitfaden-Urheber

und realistischen Dialogen arbeiten (Roland Schimmelpfennig, Dirk Laucke, Philipp Löhle).

In Jelineks Kopf – Prinzessinnendramen

Auch für Studierende der Theaterpädagogik lohnt es sich, dieses breite Spektrum an formalen Mitteln, Inhalten und Intentionen innerhalb zeitgenössischer Dramatik wahrzunehmen und für sich zu erfahren – etwa in einer Mischung aus Lesebühne, Textstudium, Theaterbesuch und Zeitgeistdebatte. In diesem Sinne zielte zum Beispiel das universitäre Theaterprojekt *In Jelineks Kopf* darauf ab, mit Theatertexten der Nobelpreisträgerin Elfriede Jelinek bekannt zu machen (Leibniz Universität Hannover 2012). In einem begleitenden Theorieseminar wurden wichtige Inszenierungen ihrer Stücke, aber auch ihr ‚Image' als umstrittene Figur des Kulturbetriebs behandelt. Zwei Spielgruppen beschäftigten sich theaterpraktisch mit je einem Zwischenspiel aus Jelineks fünfteiligem Zyklus *Prinzessinnendramen* (vgl. Jelinek 2002). So konnten die Spielerinnen – ebenso wie später das Publikum – Gemeinsamkeiten und Unterschiede beider Texte und ihrer szenischen Realisierung entdecken (Leitung: Günter Kömmet, Carmen Waack): In *Schneewittchen*, dem ersten der fünf *Prinzessinnendramen*, fällt die Titelfigur in selbstverliebtem Beharren auf Schönheit und Wahrheit dem zynischen Jäger-Tod zum Opfer; in *Die Wand* (5. Teil) werden am Beispiel von „Inge" (Ingeborg Bachmann) und „Sylvia" (Sylvia Plath) die Lebens- und Schreibanstrengungen von Schriftstellerinnen vorgeführt. Beide Texte beschäftigen sich inhaltlich damit, „welche Haltungen man als Frau und Künstlerin überhaupt zur Welt einnehmen kann" (Lux 2006, 144). In beiden Texten spiegeln sich philosophische und musikalische Themen und Stile wechselseitig. In *Schneewittchen* werden Motive des grimmschen Märchens u. a. mit einer Persiflage auf Martin Heideggers Sprachphilosophie konfrontiert. In *Die Wand* ist das Titelmotiv einer unüberwindbaren Wand den Texten von gleich drei bedeutenden Schriftstellerinnen entlehnt (Sylvia Plath, Ingeborg Bachmann und Marlen Haushofer). Ein hoher literarischer Ton steht hier neben der Sprache der Medien und der Popularkultur, ist ironisch gebrochen durch banale Kalauer und Wortspiele (vgl. Lücke 2005).

Abb. 21: *In Jelineks Kopf – Prinzessinnendramen (Teil 5: Die Wand)*: Szenenfoto aus dem Projekt im Studiengang Darstellendes Spiel, Leibniz Universität Hannover, 2010 (Leitung: Carmen Waack), Foto: Andreas Hartmann

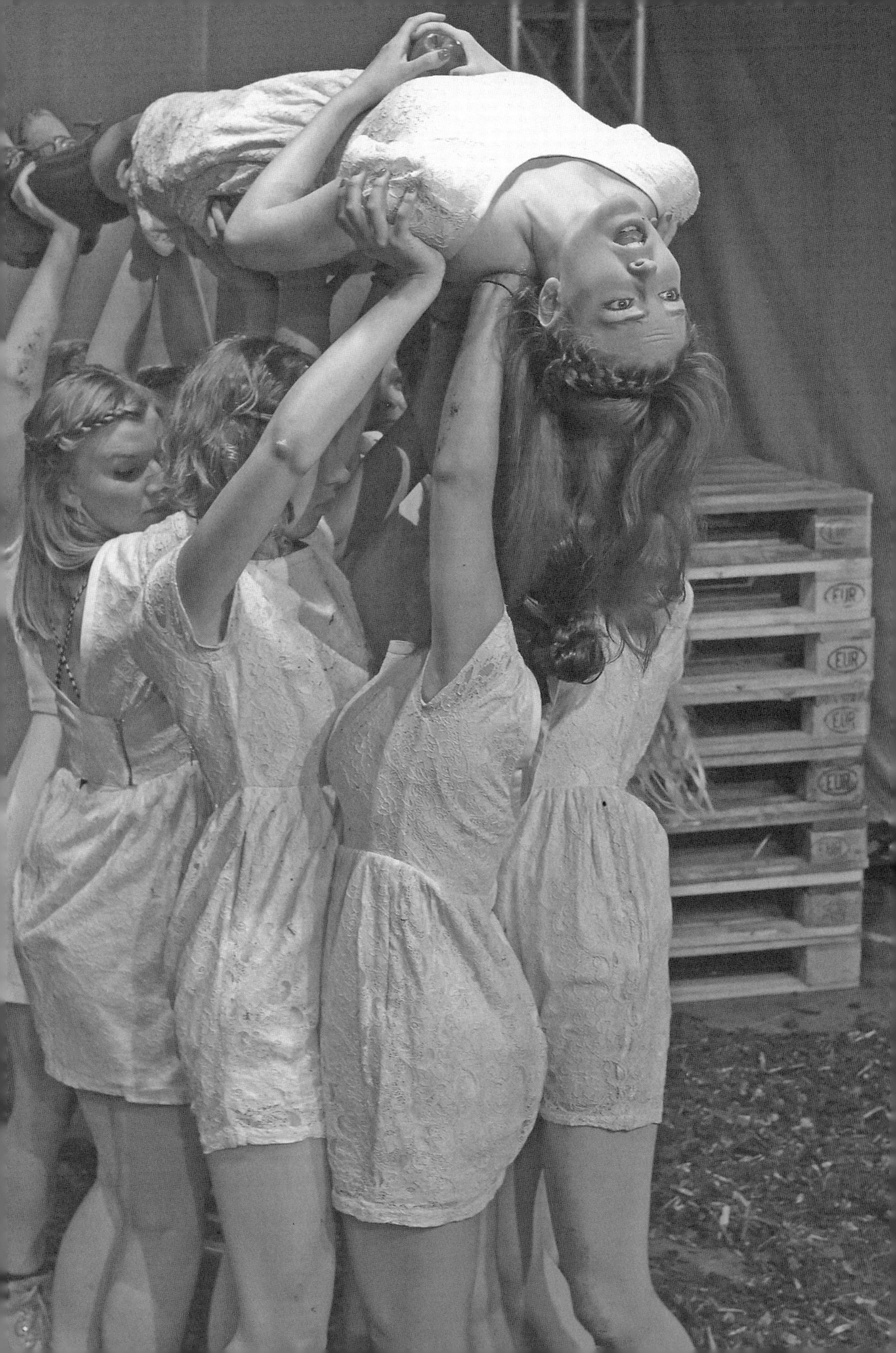
EUR
EUR
EUR
EUR
EUR

Elfriede Jelinek: In Mediengewittern

Na ja, also in einem Gewitter ist es vielleicht nicht schlecht, einen Unterstand zu haben. Wenn man von zuhause flüchtet, weil dort der Fernsehapparat tobt, dann kann man genauso gut ins Theater gehen. [...] Aber das Theater. Genau weiß ich es ja auch nicht, aber dort versuche ich, den Ausblick auf diese Macht, die uns beherrscht, wie soll ich sagen: herauszulösen. Wie man ein Tier ausbeint. Ich kann ja auch nichts an der Macht ändern, aber ich kann die Wesen wie Blitze auf die Bühne schleudern, aus der Enge eines Apparats heraus, aber auch aus Zeitungsartikeln, Büchern, aus mir selbst. Jedenfalls soll eine Art Denken, also ein Fragen, das nicht auf seine Beantwortung besteht, daraus entstehen, aus dem, was ich da auf die Bretter werfe, in einer Art Entrümpelungsaktion meines Gehirns. [...]

Elfriede Jelinek, In Mediengewittern (2003) http://tinyurl.com/Mediengewitter (3.2.2014), datiert mit 28.4.2003 (letzter Abruf: 06.06.2016)

„Abbildungsverweigerungstheater"

Jelineks Text entwirft keine fiktionale Welt, in der man es sich gemütlich machen kann, sondern ein Geflecht aus unterschiedlichen Anspielungen, Bedeutungsebenen und Kontexten: Jelineks „Abbildungsverweigerungstheater" bereitete den Studierenden zunächst Probleme (Kormann 2009, 344). Doch das Textmaterial machte sie auch neugierig und verlor allmählich an Fremdheit – vor allem durch die Beschäftigung mit berühmten Jelinek-Inszenierungen im professionellen Theater (Jossi Wieler, Karin Beier, Nicolas Stemann). Welche Aufgabenstellungen halfen, um Jelineks Texte zu erschließen?

Die Teilnehmerinnen der *Schneewittchen*-Gruppe sollten rigide ‚Strichfassungen' von nur einer DinA4-Seite erstellen, die je unterschiedliche Aspekte des Originals beleuchteten. In den Diskussionen während der Proben kristallisierte sich allmählich eine Fragestellung heraus, die für den eigenen Zugang zum Text wegweisend sein sollte („Welchen Einfluss haben allgemein propagierte Schönheitsideale auf mein Selbstbild?"). Außerdem wurde zu Leitmotiven des Textes eine Bewegungschoreografie entwickelt und mit Musik kombiniert.

Eine Aktions- und Bewegungsebene etablieren

Das Beispiel zeigt: Gerade wenn ein Text sich als besonders sperrig und unzugänglich erweist, ist es wichtig, eine Aktions- und Bewegungsebene zu etablieren. Für den Aufbau ihrer Szenenfolge entwickelte die Gruppe schließlich eine *loop*-Dramaturgie der Wiederholung und Variation, die sie der zirkulären Struktur von Jelineks Schneewittchen-Figur entlehnte: Ihre „Geschichte“, klagt Schneewittchen bei Jelinek, gebe es schon „seit Jahrhunderten“; „seit Ewigkeiten“ irre sie nun schon „durch die Krümmungen und Biegungen des Waldes“; immer wieder von Neuem werde sie „von Frauenhand“ aus Eifersucht aus der Welt geschafft – um sich nach ihrer Wiederauferstehung aus einem todähnlichem Schlaf auf die Suche nach den sieben Zwergen begeben zu müssen (Jelinek 1999, 33).

In der zweiten Projektgruppe lasen die ausschließlich weiblichen Spielerinnen einander Jelineks Text *Die Wand* vor und hörten ihn so zum ersten Mal gemeinsam. Wer eine Frage hatte, die sich auf den Inhalt oder seine Theatralisierung bezog, konnte mit einem „Stopp!“ die Lektüre unterbrechen. Daraus ergaben sich fast 100 Fragen wie „Wer sind Inge und Sylvia?“, „Wie schlachtet man einen Widder auf der Bühne?“ oder „Wie sehen wir aus, wenn wir Bergschuhe und Badeanzüge tragen?“, die auf die Spielerinnen aufgeteilt wurden. Die Spielerinnen waren aufgefordert, Antworten auf Fragen in kurzen Lecture Performances zu präsentieren – das ergab tragfähiges Material für weiterführende Improvisationen. Die Teilnehmerinnen sollten außerdem Betonung, Modulation, Rhythmusveränderung und Lautstärke für chorische Passagen aus Jelineks Vorlage finden und diese Sprechpartitur mit den anderen einüben (vgl. Kapitel 5.5).

Eine chorische Partitur entwickeln

Ein wichtiges Kompositionsprinzip lag schließlich in der Parallelführung korrespondierender Bühnenhandlungen, die dem abrupten Wechsel zwischen verschiedenen Erzählebenen und Genres in Jelineks Text entsprach: Auf der Ebene ‚Trainingscamp‘ untersuchte ein weibliches ‚Schicksalskollektiv‘ die Frage „Wie sähe eine Welt ohne Männer aus?“ Die Ebene ‚Labor‘ dagegen bestand aus einem für das Publikum einsehbaren Glaskubus. Wie in einem Operationssaal sezierten Spielerinnen darin während der gesamten Aufführung Tomaten. Per Videoprojektion überdimensional vergrößert, erschien die Arbeit den Zuschauern – im Spannungsverhältnis zwischen den real anwesenden Spielerinnen und dem hyperrealistischen, medial vermittelten Bild – als die Schlachtung eines Widders oder eine Kastration. Auf der mit Textbuch und Mikrophon ausgestatteten Ebene ‚Lesestation‘ wurden Textsequenzen vorgetragen. So betonten die Spielerinnen Bezugspunkte zwischen der literarischen Vorlage und ihrer Autorin Jelinek und ihrer eigenen kollektiven Annäherung.

Parallelführung

Videoprojektion

Das Jelinek-Projekt ist ein Beispiel für den Umgang mit anregenden poetischen Verfahren, in denen Texte auf andere Texte antworten, an medial vermittelte Bilder erinnern und aktuelle gesellschaftspolitische Themen und Konflikte aufgreifen. Die Spieler werden so sensibilisiert für einen anderen Sprachgebrauch und ungewöhnliche Erzählweisen. Theatertexte, die herkömmliche dramatische Kategorien wie psychologische Rollendarstellung und Handlung außer Kraft setzen, erfordern eine eigene Auseinandersetzung und Formfindung. Manchmal gelingt durch sie ein besonders überzeugender ‚privater' Ton, der zugleich eine kritische Bestandsaufnahme der Gegenwart enthält. Es gibt auch für dieses Format kein Patentrezept, die Methoden und Verfahren müssen jeweils aus der Gruppe und den Texten selbst entwickelt werden. Ausgangsbedingung ist hier – anders als beim Dokumentar-, Recherche- oder Forschungstheater – die Lust, sich auf eine poetisch verdichtete Weltsicht einzulassen, zwischen den Zeilen zu lesen, genau hinzuhören.

Poetische Bestandsaufnahmen der Gegenwart

Weiterführende Literatur

Hentschel, Ulrike (2007) Theater und Neue Dramatik in der Schule. Herausgegeben vom Siemens Arts Programm, Kultur in Schule und Studium. München

Leitfragen zum Umgang mit zeitgenössischen Theatertexten

- Welche Gedanken und Assoziationen haben Sie bei der ersten Lektüre eines Theatertextes? Welche Zugänge und Fragen ergeben sich – zur Sprach-, zur Inhalts- oder zur Autorenebene?
- Welche poetischen Verfahren sind charakteristisch für den ausgewählten Text?
- Wie könnte die szenische Aneignung des Textes aussehen? Was kann man streichen? Welche zusätzlichen Informationen (zum Beispiel zum Autor) sind wichtig für die szenische Realisierung?

6.5 ‚Klassiker' vergegenwärtigen

„Wann spielen wir denn endlich ein richtiges Stück?" Wenn Kinder und Jugendliche über Theater sprechen, haben sie manchmal eine überraschend konventionelle Vorstellung davon, was unter Theater zu verstehen ist – nämlich die Einfühlung in eine Rolle, eine hochtrabende Sprache und prächtige Kostüme. Diese Vorstellung ist womöglich auf die mediale Darstellung von Theater in Vorabendserien oder Teenie-Komödien zurückzuführen, in denen Shakespeare-Klassiker im Stile der 1950er Jahre aufgeführt werden. Doch sie ist sehr weit entfernt von ästhetischen Formen und Standards des Gegenwartstheaters. Avancierte Theaterkunst definiert sich heute eher über die *Abkehr* von literarischen Vorlagen bzw. vom dramatischen Repertoire. Ausgangspunkt der Stückentwicklung sind, wie die vorigen Abschnitte gezeigt haben, eben *nicht* fiktive Handlungen und Figuren.

Zur Anverwandlung eines ‚Klassikers'

Die Beschäftigung mit Dramen (oder Prosa) bietet jedoch auch fraglos Vorteile: Nicht nur erfüllt sie die Sehnsucht nach ‚richtigem' Theater, vor allem halten Vorlagen aus der Literatur eine unerschöpfliche Quelle aus geheimnisvollen Figuren, menschlichen Konflikten und diskussionswürdigen Fragen bereit. Und man kann sich auf ihre sprachlich-literarische Qualität ebenso verlassen wie auf strukturelle und inhaltliche Vorgaben (Figur, Handlung, Dramaturgie). Ein häufiges Missverständnis besteht darin, dass eine literarische Vorlage die Beschäftigung mit eigenen Fragen und Themen grundsätzlich verhindere, weil sie bereits alles vorgebe, was auf der Bühne zu passieren hat. Unzählige Aufführungen beweisen das Gegenteil: Die szenische ‚Anverwandlung' eines zunächst fremden Textes eröffnet vielfach überhaupt erst die Möglichkeit, eigene Themen aus der Gegenwart anders und neu zu beleuchten; zudem kann eine erfrischend neue szenische Lesart auch überraschende Sichtweisen auf einen literarischen Text hervorbringen. Dass viele klassische Rollen des dramatischen Repertoires in ihrer Rezeptionsgeschichte bis heute immer wieder anders und neu erfahrbar gemacht worden sind – je nach Deutungshorizont, je nach Kontext – macht sicher einen Großteil ihrer Faszination aus. Die so genannten Klassiker und das zu ihnen gehörige Figurenarsenal sind nicht zuletzt auch erfolgreiche ‚Markenprodukte', die das Theater hervorgebracht und tradiert hat und die nun multimedial multipliziert werden.

Der Klassiker als ‚Markenprodukt'

Mit dem ‚Image' und der Rezeptionsgeschichte von Hamlet und Ophelia, Faust und Gretchen sowie mit den Fortschreibungen dieser berühmten Theatermythen in der Literatur, im Film oder mit den im Internet kursierenden Filmschnipseln, Probenausschnitten und Theateraufzeichnungen kann man spielen und so eine dramaturgische Fallhöhe erreichen (vgl. Kasten zum Urheberrecht, S. 125).

In diesem Sinne sind hier mit den ‚Klassikern' jene kanonisierten Theatertexte unserer Theaterkultur gemeint, die sich als stete Herausforderung für das Theater erwiesen haben – von den antiken über die elisabethanischen Dramen, von den Texten des Sturm und Drang und der deutschen Klassik über Büchner, Kleist bis zu Hauptmann, Horváth und auch bis zu den ‚Klassikern' aus der zweiten Hälfte des 20. Jahrhunderts von Dürrenmatt bis Beckett. Diese vielgespielte Hitparade der Stadt- und Staatstheater, die nur zum Teil auch den Lehrplan der Schulen bestimmt, umfasst ein weit umfangreicheres Repertoire als zum Beispiel in der Oper, und es sind bei diesen einschlägigen Autoren noch immer Entdeckungen zu machen. Von Interesse ist dabei nicht nur, welche Fantasien, welche Vorstellungen und Emotionen im Drama verdichtet sind, mit welchen „sozialen Energien" es einst in einem bestimmten historischen Kontext aufgeladen wurde. Eine zeitgenössische Rezeption der sogenannten Klassiker beschäftigt sich vor allem mit der Frage, wie diese „Energien" in einer gegenwärtigen Proben- und Aufführungspraxis wieder freigesetzt werden können (vgl. Hruschka 2009a).

„Soziale Energien freisetzen"

Rainald Goetz: Was ist ein Klassiker?

Im besten Fall ist der Klassiker logisch das, was auch Pop im besten Fall ist: nämlich ein Hit. Hits sind so gut, dass sie einen nie nicht langweilen, genau umgekehrt, je auswendiger man sie kennt, desto noch auswendiger mag man sie kennen lernen. [...] Denn ein Hauptmerkmal, geradezu ein Kardinalsymptom des Hits wie des Klassikers ist schließlich: daß er Mut macht, einem neue Kraft gibt, neue Stärke, neues Neu und neue Wut für die nächste neuerste Attacke.

Rainald Goetz, Was ist ein Klassiker? (1986), Seite 24 f.

Der Erarbeitungsprozess geht hier idealerweise von einem zentralen Motiv oder Konflikt aus. Die Spielleitung bzw. die Gruppe identifiziert Problemstellungen und relevante Themen, auf den sich die Vergegenwärtigung des Stoffes dann besonders konzentriert (Riedel 2013, 31). Es geht dabei nicht um vordergründige ‚Aktualisierungen', sondern um bewusste Übersetzungen ins

Heute – sei es durch poetische Bilder, sei es durch gewitzte Assoziationen oder Anspielungen auf populäre Genres (Musical, Krimi, Sitcom, Science Fiction etc.). Eine solche szenische Lesart eines Klassikers setzt sich womöglich der Kritik aus, die Bedeutung des Originals zu vernachlässigen, ihn zu verfälschen oder zu trivialisieren. Dieser Kritik kann man entgegnen, dass eine getreue Umsetzung der „vom Autor im Dramentext niedergelegten Zeichen auf der Bühne" im theaterpädagogischen Kontext wenig erstrebenswert ist (Balme 2001, 79). ‚Werktreue', eine umstrittene Kategorie, kann hier nicht das Ziel sein; das Ziel ist vielmehr die fruchtbare Kombination eines literarischen Textes mit den Lebenswelten der Akteure, so dass von beiden Seiten die Vorteile zum Tragen kommen (vgl. Unglaub 1998; Steinl 2000). Die Spielleitung ist hier in besonderer Weise gefordert: Zum einen muss sie prüfen, ob die Fremdartigkeit und Widerständigkeit der literarischen Vorlage tatsächlich geeignet ist, alle Beteiligten dauerhaft in einen intensiven Annäherungsprozess zu verwickeln. Das heißt, sie muss gegebenenfalls auch eine Phase der grundlegenden

‚Werktreue', eine umstrittene Kategorie

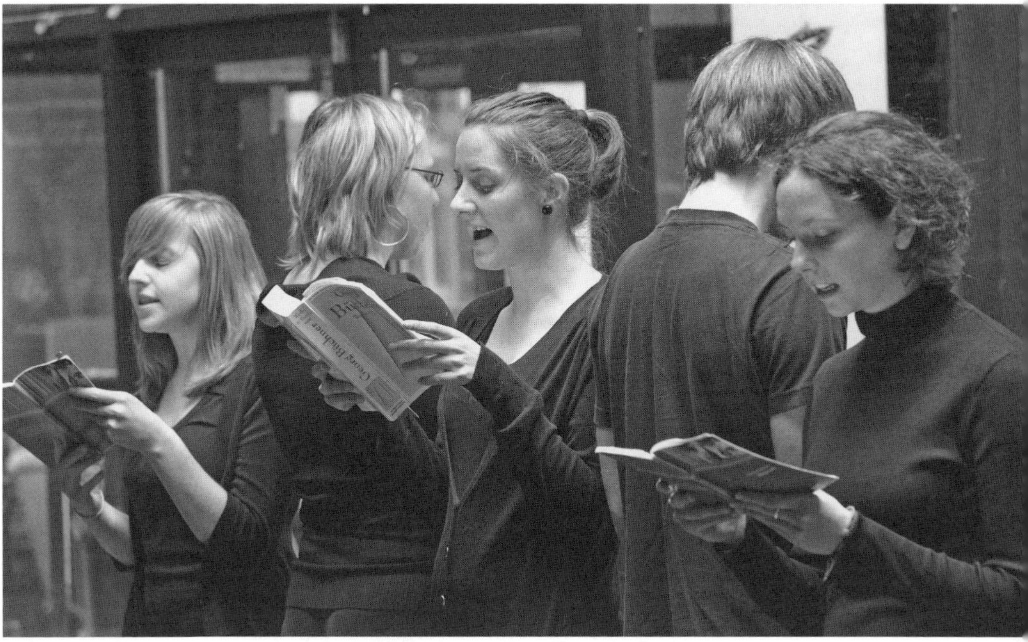

Abb. 22: *Woyzeck*: Probenfoto aus dem Theaterprojekt *Büchner hoch drei* im Studiengang Darstellendes Spiel, Leibniz Universität Hannover 2010 (Leitung: Steffen Sohst), Foto: Andreas Hartmann

Skepsis gegenüber der Spielvorlage konstruktiv überwinden. Zum anderen sollte sie sich trauen, dem Klassiker nicht nur in Ehrfurcht und Demut zu begegnen, sondern ihn womöglich radikal zu kürzen, grotesk zu überspitzen oder sogar stellenweise zu parodieren. Falls ein vitales Interesse der Spieler an dem Stoff besteht, muss die Spielleitung vor allem bereit sein, in die „passive Rolle eines Zuhörers [zu] wechseln", die sich nur darauf beschränkt, „ungefiltert die Diskussion über den Text zu protokollieren", um daraus ein dramaturgisches Konzept zu entwickeln (Riedel 2007, 72).

Trau Dich

Wie also lässt sich zum Beispiel ein Shakespeare-Klassiker wie „Romeo und Julia" von 1596 mit der Alltagswirklichkeit heutiger Jugendlicher so verweben, dass zumindest rudimentär der Sinn des Originals, ein Narrativ oder eine Aussageabsicht des Autors erhalten bleibt? Ein Beispiel, wie dies gelingen kann, lieferte die Inszenierung *Liebe, Zoff und Nachtigall. Eine Romeo und Julia-Versuchung* (Erfurter Jugendtheater *Die Schotte*, 2008). Die Ausgangsidee bestand hier darin, den Prozess der Annäherung an Shakespeare, Probleme mit dem Verständnis der Sprache, mit dem Eindringen in das Denken und Handeln der Figuren auf der Bühne selbst zu zeigen und offenzulegen (Leitung: Christine Schild).

Theater auf dem Theater, Spiel im Spiel

Das Publikum konnte sich zum einen also über die Höhen und Tiefen von Theaterarbeit amüsieren: angefangen beim Streit über die Wahl des Stoffes („Das ist keine Schnulze, das ist Kunst!") über die Besetzung der Rollen („Du kannst die Amme spielen, dein Busen ist so groß!") bis hin zum Lampenfieber vor der Premiere.

Eine Strichfassung erstellen

Szenen aus dem Proben- und Schulalltag der Jugendlichen wurden mit ausgesuchten Momenten und ‚Schlüsselszenen' aus Shakespeares Stück verschränkt. Dabei wurde im Laufe des Probenprozesses eine Textfassung erstellt, die auf viele Nebenfiguren verzichtete, vor allem jedoch dafür sorgte, dass die Spieler ungefähr gleiche Sprech- und Spielanteile hatten. Letztlich bestand immerhin noch ein knappes Drittel der Spielfassung aus der Feder Shakespeares bzw. aus der Übersetzung ins Deutsche von August Wilhelm von Schlegel aus dem Jahr 1797: Gezeigt wurde der Streit zwischen den verfeindeten Familien Capulet und Montague, die erste Begegnung des Paares beim Maskenball, der Tod Tybalts bzw. Mercutios, die berühmte Balkonszene – und das tragische Ende. Dabei standen natürlich vor allem das Thema der unerfüllten Liebe und die grausame Verwirrung der Gefühle im Zentrum des Geschehens. Die eigentliche Pointe von *Liebe, Zoff und Nachtigall* allerdings lag in der Mischung der Darstellungs-

und Sprachebenen. Die Haltung der Jugendlichen gegenüber Shakespeares Vorlage war teils respektlos und ironisch, teils aber auch leidenschaftlich-innig oder glaubwürdig-ernsthaft.

Insgesamt zeichnete sich die Inszenierung dadurch aus, dass sie die wichtigsten ‚Plotpoints' aus Shakespeares dramatischer Vorlage zitierte und vorführte – und dabei zugleich reflektierte, wie man diese heute auf der Bühne realisieren kann: durch konsequente Stoffreduktion, durch sprachliche Aktualisierungen und eine ensembleorientierte Spielweise – vor allem aber durch überraschende Wechsel zwischen Spieler- und Figurenebene (vgl. Hruschka 2009b).

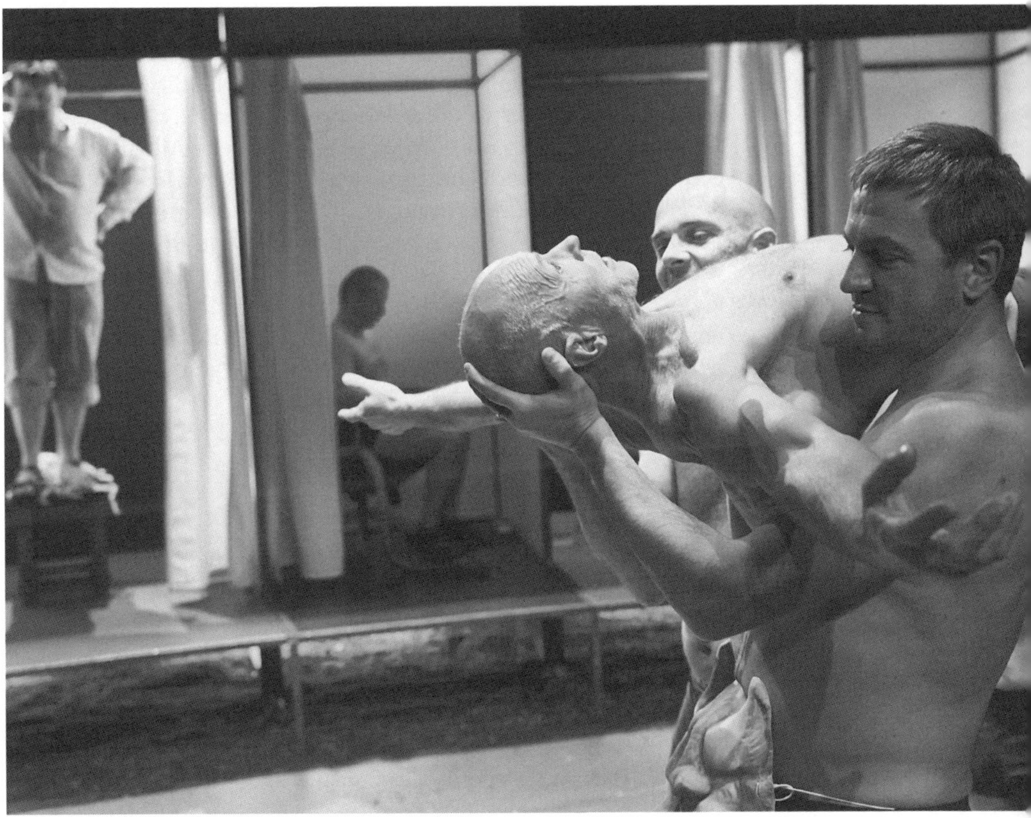

Abb. 23: *Ich armer Tor nach Goethes Faust, mit Dresdner Männern in der Midlife-Crisis*, Bürgerbühne Dresden 2012 (Regie: Miriam Tscholl), Foto: Matthias Horn

Gilles Deleuze und Felix Guattari: Wenn wir zitieren, dann nur aus Liebe!

Findet die Stellen in einem Buch, mit denen ihr etwas anfangen könnt. Wir lesen und schreiben nicht mehr in der herkömmlichen Weise. Es gibt keinen Tod des Buches, sondern eine neue Art zu lesen. In einem Buch gibt's nichts zu verstehen, aber viel, dessen man sich bedienen kann. Nichts zu interpretieren und zu bedeuten, aber viel, womit man experimentieren kann.

Gilles Deleuze und Felix Guattari, Rhizom (1977), Seite 40

Seid ihr goethe-tauglich?

Eine solche Möglichkeit, klassische Figuren ins Heute fortzuschreiben, wurde auch in der Ausbildung von Theaterlehrerinnen in Hannover erprobt: 40 Studierende des Studienganges Darstellendes Spiel an der Leibniz Universität Hannover befassten sich mit Texten der Sturm und Drang-Periode, um sie szenisch zu aktualisieren. Es ging dabei nicht allein um die theatrale Umsetzung von Texten wie Goethes *Werther*, Schillers *Räuber* und Lenz' *Hofmeister*, sondern immer auch darum, eigene Alltagserfahrungen und Erlebnisbereiche zum Gegenstand einer künstlerischen Auseinandersetzung zu machen: Die Räuber-Gruppe legte den Fokus auf die Theatralität von Protestbewegungen (wie Pussy Riot); die Gruppe, die sich mit Lenz *Hofmeister* beschäftigte, fragte nach Normierungen und Zwängen innerhalb des Bildungssystems – und die Werther-Gruppe testete die Affinität der Beteiligten zu den Figuren Werther und Lotte. Ausgangspunkt waren Aufgabenstellungen und Fragen:

- Was verbindet dich mit Goethes Werther-Text? Wie sieht deine Lotte/deine Werther-Figur aus? (Kostümideen, Übertheatralisierungen)
- In welchem Zusammenhang hat dich das letzte Mal jemand mit seinem Gefühlsleben terrorisiert? Verwandle den Werther-Text in eine SMS, mit der du jemanden in dein Gefühlsleben einspannst!
- Bilde zehn Sätze mit „Ich möchte sterben, wenn ..."?
- Schreibe einen Monolog, der von (d)einer schlimmsten Sinnkrise handelt.
- Wie sieht heute ein besonderes Verhältnis zur Natur aus?
- Wie ‚kontaktet' man auf einer Party? Welches Liebeslied würdest du ihm/ihr am liebsten vorsingen (Was steht heute für „Klopstock!"?)?

Auch wenn es sich bei dem Projekt im strengen Sinn nicht um biografisches Theater oder Recherchetheater handelte, trugen diese Aufgaben- und Fragestellung doch dazu bei, aktuelle Bezüge und Parallelen zwischen Goethes Text und der Alltagswirklichkeit der Spielerinnen zu finden. Die entstandenen Texte konnten auch getauscht werden, eine fiktionale Ebene war also immer Teil des Spiels und diente als Schutzraum, Privates zu äußern (Leitung: Cindy Bahnemann, Philipp Radau).

Klassikeradaption versus Eigenproduktion?

Auch dieses zweite Beispiel belegt: Die Beschäftigung mit einem kanonischen Text und eine Theaterarbeit, die sich am ‚lebensweltlichen Bezug' und der ‚Selbsttätigkeit' der Beteiligten orientiert, schließen einander nicht aus. Vordergründige Kategorisierungen (‚Klassikeradaption' versus ‚Eigenproduktion') können vielmehr überwunden und zu einem integrativen Ansatz vereint werden, bei dem man dem Original „mit der eigenen Inszenierung einen gleichberechtigten Text zur Seite stellt" (Riedel 2007, 70). Dies setzt einen ebenso respektvollen wie eigenmächtigen Umgang mit klassischen Textvorlagen voraus. Mit der Verschränkung und Parallelführung von kanonischem Text und biografischer Recherche wird dann ein produktives „Wechselspiel" in Gang setzt: So entsteht eine neue Perspektive auf die Bedeutung und Struktur der Klassiker, die diese „nicht nur umdeutet, sondern verschiebt, um- oder gar neu baut, vor allem aber sie ganz spezifisch vergegenwärtigt durch die jeweils besonderen Menschen, die sie spielen." (Kurzenberger 2014, 83)

Weiterführende Literatur

Riedel, Klaus (2002) Zum Umgang mit einem Klassiker. Anmerkungen eines Spielleiters. In: Bundesarbeitsgemeinschaft für das Darstellendes Spiel in der Schule (Hg.): Fokus Schultheater 01: Zeitsprünge. Hamburg, S. 102-106

Hruschka, Ole (Hg.) (2009) Shakespeare revisited. Theatrale Verfahren der Vergegenwärtigung eines ‚Klassikers'. Hildesheim

Leitfragen zur Vergegenwärtigung von Klassikern

- Welcher ‚Klassiker' eignet sich? Welche thematischen, strukturellen, dramaturgischen Angebote daran reizen zur theatralen Auseinandersetzung?
- Welche Positionen, Weltanschauungen, Konflikte werden durch die Figuren vertreten? Welche inhaltlichen Anknüpfungspunkte sind für die Spieler und die Gruppe relevant? Welche Fragestellungen, Forschungsaufträge lassen sich aus dem Text gewinnen? Wie lassen sich diese Bezüge fruchtbar machen für die Theaterarbeit?
- Wie lassen sich die konstitutiven Vorgaben des Textes (Alter und Geschlecht der dramatischen Figuren) szenisch umsetzen oder auf intelligente Weise überwinden? Inwiefern ist – bei einer großen Gruppe – zum Beispiel ein chorisches Spielprinzip denkbar, bei dem alle Spieler auf der Bühne anwesend sind und einige Figuren durch mehrere Spielerinnen dargestellt werden?

PRÄSENTIEREN UND AUFFÜHREN

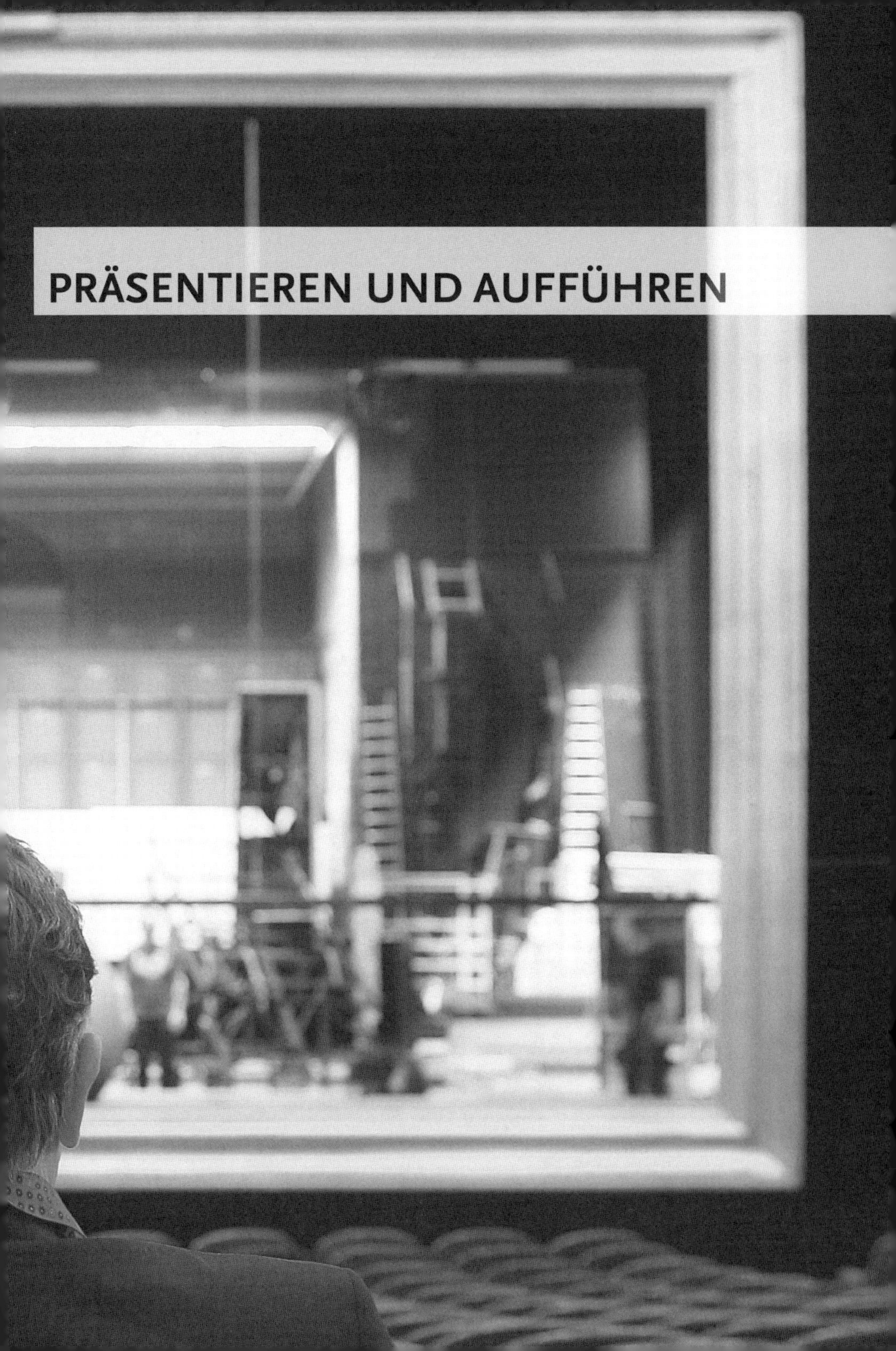

Abb. 24: Die Kunst des Zuschauens:
Was erlebt das Publikum?
Foto: Michael Appelt

7 Präsentieren und Aufführen

In der letzten Phase der Proben stellt sich immer drängender die Frage, in welchem Format man das erarbeitete Material präsentieren will, wie man es auswählt, verdichtet und in Hinblick auf das Publikum organisiert (Abb. 26). Ziel ist es dabei, die Inszenierung möglichst abwechslungsreich zu gestalten, das Publikum zu involvieren, geschickt Erwartungen aufzubauen und zu brechen sowie neue Blickwinkel zu eröffnen. Das klingt zunächst simpel, ist aber schwer zu realisieren. Eine Hilfestellung bietet hier der Bezug auf dramaturgische Modelle und Prinzipien. Darauf soll in diesem Kapitel daher ein besonderer Akzent liegen.

Kompositionsmethoden prüfen

Einer Dramaturgie zu folgen, bedeutet, den Aufbau und die Gliederung, aber auch die Wirksamkeit einer Inszenierung zu bedenken. Dramaturgie – im weitesten Sinne verstanden als planvolle Strukturierung einer öffentlichen Präsentation oder Aufführung – soll verhindern, dass das Gezeigte an mangelndem Tempo leidet und sich zu schnell in redundanten Erfahrungsberichten, allzu bekannten Präsentationsformen oder eindimensionalen Botschaften erschöpft. Überdies können dramaturgische Begriffe und Überlegungen dazu beitragen, künstlerische Entscheidungen transparent und nachvollziehbar zu machen. So unterschiedlich die Herangehensweisen auch sein mögen, bei jeder Inszenierung müssen zwei Seiten des theatralen Geschehens im Blick behalten werden: Auf der einen Seite geht es um Fragen der kompositorischen Gestaltung (7.1); auf der anderen Seite geht es darum, wie man das erhoffte Publikum umwirbt, auf die Aufführung einstimmt, wie man es herausfordert, überrascht und interessiert (7.2).

7.1 Dramaturgische Modelle und Prinzipien

„Ganz ist, was Anfang, Mitte und Ende besitzt"

„Ganz ist, was Anfang, Mitte und Ende besitzt." Eine gut gebaute Theateraufführung besteht – so steht es zumindest in der *Poetik* des Aristoteles – aus mindestens drei Komponenten, die sich zu einer geschlossenen Einheit zusammenfügen. Aristoteles' Überlegungen gehen davon aus, dass die einzelnen Elemente nicht beliebig angeordnet sind; sie sind vielmehr so zusammengesetzt, „daß das Ganze sich verändert oder in Bewegung gerät, wenn ein einziger Teil umgestellt oder weggenommen wird." (Aristoteles 1961, 33) altgriechisch: „dran“ = Handlung; „ergon“ = Werk

In der Tradition eines dramatischen Theaters nach Aristoteles bedeutet Dramaturgie: „das Ins-Werk-Setzen der Handlung oder, etwas freier, die Bauform oder die Architektur der Handlung“ (Stegemann 2009, 11). Ursprünglich bezieht sich der Begriff auf den Spannungsbogen (Plot) eines Dramas und dessen szenische Realisierung. Ausgehend vom aristotelisch geprägten Modell abstrahiert Gustav Freytag in *Die Technik des Dramas* (1863) eine pyramidale Form als idealtypischen Aufbau in fünf Teilen:

1. die Einleitung (Exposition, Prolog)
2. die steigende Handlung mit erregendem Moment
3. der Höhepunkt mit Peripetie (Umkehrung, Wendepunkt, Plotpoint)
4. die fallende Handlung mit retardierendem Moment (Verzögerung)
5. die Katastrophe als versöhnend-erhebendes Ende (Freytag 1863, 589–606).

Mit diesem Aufbau liegt in unserer Kultur ein überaus wirkungsvolles Strukturprinzip vor, das im dramatischen Theater – von der antiken Tragödie über Shakespeare, die Weimarer Klassik bis in die Gegenwart – immer wieder genutzt, variiert und verfeinert wird.

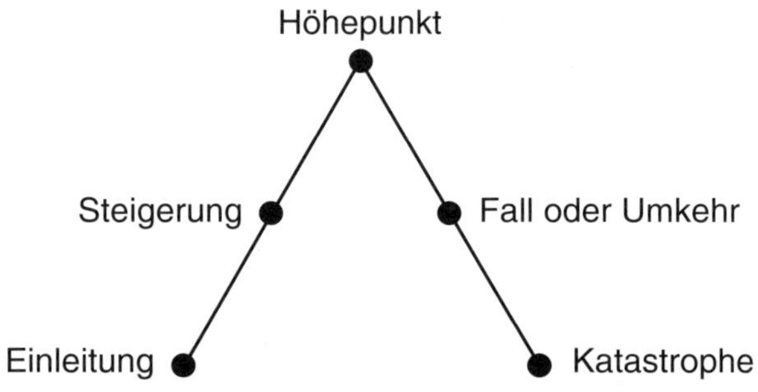

Abb. 25: Idealtypischer Aufbau des Dramas nach Gustav Freytag (1863) (in Anlehnung an: Kotte 2005, 205)

Einfachere Erzählformen, wie ein Heldenepos oder das Märchen, funktionieren nach einem ähnlichem Schema, das sich so zusammenfassen lässt: Eine moralisch integre Identifikationsfigur (Held) zieht in die Welt hinaus, erlebt eine Reihe von Abenteuern und Prüfungen, schwebt zwischen Scheitern und Erfolg, besiegt und überwindet sämtliche Gefahren und Gegner – und kehrt schließlich geläutert zurück. Im Kern kreist diese Dramaturgie um die Lösung eines Problems oder Konflikts – eine Grundstruktur, die oft mit dem Bild vom Schnüren und Wiederauflösen eines Knotens veranschaulicht wird.

Die Nachfrage des Publikums nach diesem 2400 Jahre alten Erzählmuster wird heute durch zahllose TV-Serien, Filme oder Computerspiele in teils simplen, teils differenzierten und anspruchsvollen Varianten befriedigt. Ein besonders häufiges Prinzip in Film- oder Serienformaten besteht dabei zum Beispiel in der Verschränkung und Verflechtung *mehrerer* parallel verlaufender Handlungsstränge. Besonders effektvoll ist bekanntlich auch – um ein weiteres Beispiel zu nennen – die überraschende Wendung einer Situation hin zu einer plötzlichen Gefährdung eines Protagonisten, dessen Rettung für den Zuschauer jedoch ungewiss bleibt. Mit Blick auf zeitgenössische Dramaturgien kann man sagen: „Am erfolgreichsten sind nicht selten jene Erzählungen, die sich stark auf sehr alte Prinzipien stützen, zugleich aber auch auf faszinierende Weise von den standardisierten Erzählformen abweichen." (Hiltunen 2001, 259) Das Nachdenken über Dramaturgie bedeutet also auch, sich zu kanonisierten Erzählformen und populären Vorbildern ins Verhältnis zu setzen, indem man manche Zutaten aufgreift, andere bewusst weglässt oder variiert.

Zopfdramaturgie

Cliffhanger

Zwischen Büro und Bühne – Was macht eigentlich ein Dramaturg?

Dem Begriff der Dramaturgie begegnet man öfter im alltäglichen Sprachgebrauch, wenn etwa von Hollywood-Dramaturgie oder Wahlkampfdramaturgie oder sogar der Dramaturgie eines Fußballspiels oder Kriminalfalls die Rede ist. Aber welche Funktion haben Dramaturginnen eigentlich im professionellen Theater? Allgemein kann man sagen: Sie sind befasst mit der Frage, „was in welcher Struktur zu welchem Zweck dargestellt werden kann" (Kotte 2005, S. 202). Konkret: Sie sind zuständig für die Lektüre und Auswahl geeigneter Theatertexte (Spielplandramaturgie) und beteiligt an personellen und konzeptionellen Entscheidungen im Vorfeld der Inszenierung (Entwicklungsdramaturgie): von der Zusammenstellung des Produktionsteams über die Besetzung bis zur Strichfassung. Traditionell gehört es zu den zentralen Aufgaben der Dramaturgie, die *Beziehung* und das Spannungsverhältnis zweier variabler Größen zu bedenken – nämlich die zwischen dem vieldeutigen, literarisch fixiertem Text und den ebenso mannigfaltigen Möglichkeiten seiner szenischen Aktualisierung und Konkretisierung.

Zum Berufsbild des Theaterdramaturgen, das sich insbesondere in Deutschland in der Nachfolge Gotthold Ephraim Lessings etabliert hat (Hamburgische Dramaturgie, 1767-69), gehört auch die Betreuung und Begleitung der Probenarbeit. Meist erschließen Dramaturginnen Hintergrundwissen zum Stück oder für die Produktion, sind jedoch nicht immer direkt am Inszenierungsgeschehen mit den Schauspielern beteiligt, sondern halten – als Stellvertreter des Publikums und theaterinterne Kritiker – bewusst Distanz zum Probengeschehen (Produktionsdramaturgie).
Zunehmend sind Dramaturgen auch als (Festival-)Kuratoren tätig, also mit der Auswahl von Gastspielen beschäftigt und übernehmen die Gestaltung und Durchführung von Reihen- bzw. Nebenprogrammen, um mit unterschiedlichen Formaten verschiedene Zielgruppen und ‚Communities' anzusprechen (vgl. Hruschka 2010). Diese umfassende Vermittlungsarbeit reicht – über die Redaktion des Programmheftes und anderer Publikationen hinaus – in den Bereich der Presse- und Öffentlichkeitsarbeit und der Theaterpädagogik (Einführungen, Nachgespräche) – und liefert einen wertvollen Beitrag zur Vernetzung eines Theaters in der jeweiligen Stadt.

Theater im 21. Jahrhundert orientiert sich allerdings nicht selbstverständlich an einem dramatischen Text, geschweige denn an einem Handlungsbogen, der eine in sich geschlossene, zusammenhängende Geschichte umfasst. Wenn wir heute ins Theater gehen, erleben wir nicht zwangsläufig ein ‚Well-made-play' mit gut verständlichem Plot und einem moralisch einwandfreien (männlichen weißen) Helden, der gegen alle Widerstände am Ende alle Probleme löst. An die Stelle einer narrativen Struktur, bei der die Elemente möglichst harmonisch und verständlich auseinander hervorgehen, tritt in der Moderne die Montage oder Collage, die verschiedene Eindrücke und Schlaglichter zu einem Thema oder Stoff eher assoziativ zusammenfügt. Dramaturgische Überlegungen beziehen sich nun auf alle Aspekte, die bei der raumzeitlichen Komposition der Inszenierung zusammenwirken. Umso dringlicher stellt sich nun oft die Frage, *wie* man heterogene Szenen zu einer faszinierenden und sinnhaften Konstruktion zusammensetzt, wenn kein Plot, kein Handlungsgefüge als Orientierung dient. Diese Frage lässt sich jedoch kaum allgemein beantworten. Die vorangegangenen Kapitel haben vielmehr gezeigt, dass die Struktur und die innere Logik einer Szenenfolge in hohem Maße von den Spielern, vom Ort, vom Sujet und den damit verbundenen Darstellungsaufgaben bestimmt wird.

Montage statt lineare Narration

Es gibt jedoch durchaus bewährte Ordnungsprinzipien, hier zunächst ein naheliegender Vorschlag: Man reiht Elemente aus dem gesammelten Ideen- und Szenenpool hintereinander wie Perlen auf dem vielbeschworenen roten Faden, der das Ganze im Innersten zusammenhält (vgl. Abb. 27). Doch damit stellen sich sofort weitere Fragen: Nach welchen Kriterien entscheidet man eigentlich, welche Szenen ‚eingekauft' oder ‚weggeschmissen' werden? Antwort: Man gliedert die szenische Bearbeitung des Themas oder Stoffs in verschiedene Aspekte; man prüft die Relevanz einer Szene im Gesamtkontext, um zu entscheiden, wie man sie zueinander gewichtet und arrangiert.

Der rote Faden

Nächste Frage: Wie macht man einen guten Anfang? Antwort: Viel spricht für einen eher ruhigen Auftakt, damit man das Tempo oder das energetische Level später steigern kann. Ein weiterer Anhaltspunkt: Theater arbeitet grundsätzlich immer mit dem Prinzip des Verbergens und Enthüllens – mit jener Verheißung, für die bereits der rote Vorhang steht. Schon die Wirkung des Dramas basiert wesentlich auf einer fein dosierten Informationsvergabe, die die Spannung auf den Ausgang oder den Gang der Handlung lenkt. Wenn zum Beispiel am Anfang eines Stückes lange nicht gesprochen wird, steigt zwangsläufig die Neugierde auf das erste Wort (Wer spricht da – und worüber?).

Was-Spannung versus Wie-Spannung

In diesem Sinne bezieht sich dramaturgisches Denken immer auch darauf, Geheimnisse zu schaffen oder Rätsel aufzugeben – und in der lustvollen Verzögerung ihrer Auflösung. Und damit gleich zur schwierigsten Frage: Was zeichnet ein gelungenes Ende aus? Antwort: Eine ebenso pragmatische wie wirkungsvolle Lösung für den Schluss ist das opulente Finale, das alle Darsteller schon vor dem Applaus noch einmal ehrt und präsentiert (Revue). Eine weiteres, häufig genutztes Verfahren, heterogenes Material zusammenzuhalten und gegen Ende zu bündeln, ist das der Klammer, bei der ein bestimmtes Anfangsmotiv sich wiederholt und am Schluss wiederkehrt – zum Beispiel bei einer Dramaturgie, die sich an einem Tagesablauf orientiert.

Der Vorhang zu und alle Fragen offen

Rahmenbildung

Die Kunst der Dramaturgie kennt darüber hinaus unüberschaubar viele Möglichkeiten, Differenzerfahrungen zu stiften, damit Szenen sich nicht zu sehr ähneln oder in einer bloßen Addition aneinandergereiht werden. Aber was bedeutet es genau, eine Szenenfolge kontrastreich zu gestalten? Antwort: Wenn man zum Beispiel an einem generationenübergreifenden Projekt arbeitet, besteht die Aufgabe natürlich vor allem darin, Unterschiede und Gemeinsamkeiten der Beteiligten optimal sichtbar zu machen. Differenz muss sich jedoch nicht vordergründig in der

Besetzung widerspiegeln, sondern kann auch durch das Nebeneinander unterschiedlicher Perspektiven und durch die Parallelführung verschiedener Darstellungsebenen hergestellt werden (Videosequenz, plötzliche Hinwendung zum Publikum) – also sowohl visuell und formal als auch inhaltlich-thematisch. Ein starker Kontrast oder Bruch kann sich in der Binnenstruktur einer Szene abspielen, etwa wenn ein Moment der Gleichzeitigkeit und Verfügbarkeit aller möglichen Reize, Bilder, Töne umkippt in einen Moment der Stille, der Leere und der Konzentration (oder umgekehrt). Kontrastierungen können aber auch den Ablauf einer gesamten Inszenierung prägen: auf der Ebene der Beleuchtung (hell – dunkel), des Kostüms (bunt – grau), der Lautstärke (laut – still), der Anzahl der Spieler (viele – wenige) und der Dynamik (beschleunigt – verlangsamt). Wichtig ist zu beachten: Erst wenn eine Form klar hervortritt und etabliert ist, kann sie unterbrochen, kontrastiert oder gebrochen werden. Unterbrechungen, Störungen und Brüche bieten eine gute Chance, die Aufmerksamkeit zu bündeln und damit zu steuern.

Kontrast und Bruch

Eine Gesamtkomposition erstellen und überprüfen

Eine pragmatische und bewährte Methode, um ein Gerüst aus einprägsamen Grundsituationen zu erschaffen, besteht in einer einfachen Präsentationstechnik. Damit der Prozess der Materialsammlung gegen Ende der Proben nicht ins Beliebige ausufert, sammeln die Spieler die erarbeiteten Szenen und Ideen (Lieder, Choreografien, Lecture Performances, Videosequenzen, Tonmaterial etc.), geben ihnen stichwortartige Titel und notieren diese auf Karteikarten oder Haftnotizzettel. Anschließend werden die Karten in einem Cluster-Verfahren nach thematischen Schwerpunkten geordnet. Das ist ein intensiver Moment im Produktionsprozess, denn so werden die Ergebnisse zusammengeführt und alle freuen sich oder sind sogar erstaunt darüber, was sie alles geleistet haben.

Aus der Sichtung entsteht im Idealfall der Entwurf eines ersten Ablaufplans, der die Szenen in Stichworten von oben nach unten ordnet und – für alle gut sichtbar angebracht – als Grundlage für einen ersten Durchlauf dienen kann. Nach einer langen und intensiven Probenzeit ist allen durchaus bewusst, dass nicht der gesamte, miteinander gesammelte Erfahrungsschatz mit dem Publikum geteilt werden kann. Die gemeinsame Auswahl und die Anordnung können schnell und reibungslos stattfinden, wenn alle Beteiligten mit dem erarbeiteten Material gut vertraut sind.

Die folgende Abbildung zeigt Kompositionsprinzipien und Wirkungsmechanismen des dramatischen Theaters, die jedoch auch für freie Stückentwicklungen wertvolle Anhaltspunkte liefern. Es bildet nicht nur die chronologische Anordnung der Szenen ab, es bietet auch einen guten Überblick über Figurenkonstellationen und das Zusammenspiel mit Ton und Beleuchtung.

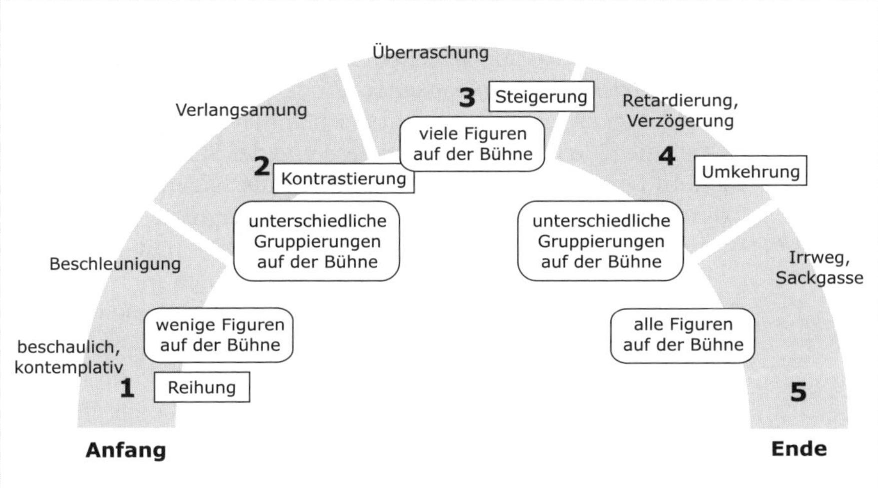

Abb. 26: Dynamik einer Inszenierung
(in Anlehnung an: Pfeiffer; List 2009, 161)

Vor allem aber wird der wichtige dramaturgische Aspekt der Dynamik hier besonders hervorgehoben (temporale Achse). Die Notwendigkeit der Selektion, der zeitlichen Verdichtung und Zuspitzung der Szenen ergibt sich bereits aus der zeitlichen Begrenztheit der Aufführung. Anhand einer solchen Skizze lassen sich zentrale Fragen der raumzeitlichen Gesamtkomposition – Rhythmus, Tempovorgaben und -variationen, energetische Steigerungen oder Pausen – überprüfen und diskutieren. Gegebenenfalls wird die Skizze durch zusätzliche Anmerkungen, zum Beispiel zur Wiederholung und Variation eines szenischen Motivs, ergänzt oder modifiziert.

Diese dramaturgischen Kunstgriffe sollen vor allem zeigen: Die Aufwertung so genannter postdramatischer und performativer Theaterformen hat dramaturgische Überlegungen nicht überflüssig gemacht, im Gegenteil – sie hat den Begriff der Dramaturgie stattdessen erweitert und ausdifferenziert. Dramaturgie ist nun sogar komplexer geworden, denn sie betrifft nicht mehr ‚nur' die szenische Verlebendigung einer Textvorlage durch körperliche Gegenwart, sondern genauso auch den Einsatz und die Strukturierung choreografischer, musikalischer, bildnerischer oder filmischer Elemente. Der Dramatiker Heiner Müller hat diese komplexen Korrespondenzen mit einem Billardspiel verglichen: Eine Kugel stößt verschiedene andere Kugeln an, gibt ihre Bewegung weiter – und bleibt liegen. Eine solche ‚Billardkugel-Dramaturgie' bildet den extremen Gegenpol zu den eingangs skizzierten aristotelischen Gesetzmäßigkeiten. Anders als bei einer in sich geschlossenen Geschichte wird der planmäßig herbeigeführte Zufall, die plötzliche Beschleunigung und der Stillstand des Ablaufs zum Ordnungsprinzip erklärt. Man muss sich solche Inszenierungen als eine Verkettung sinnlicher Ereignisse vorstellen, die nun ohne verbindende Elemente auskommt – in dem Vertrauen darauf, dass die Fantasie des Zuschauers auch in heterogenem Material eine Form erkennt, sich eine eigene ‚Geschichte' zusammensetzt.

Billardkugel-Dramaturgie

Weiterführende Literatur

Stegemann, Bernd (Hg.) (2009) Lektionen 1: Dramaturgie. Theater der Zeit. Berlin

Kotte, Andreas (2005) Dramaturgie. In (ders.) Theaterwissenschaft. Köln, S. 202–222

Leitfragen zu dramaturgischen Modellen und Prinzipien

- Welche kompositorischen Modelle und Prinzipien (Kontrast, Steigerung, Bruch etc.) werden angewandt, um den Zuschauer zu überraschen, zu fordern, einzubeziehen, zu irritieren?
- Wie soll die Aufführung beginnen und enden? Wie kann das selbst entwickelte Material arrangiert werden?
- In welcher Reihenfolge können einzelne Szenen angeordnet werden? Welchen Einfluss nimmt der Ablauf jeweils auf die Gesamtwirkung?
- Welche weiteren klassischen oder (post)modernen Verfahren der Dramaturgie versprechen Erfolg für Ihre Gesamtkomposition?

7.2 Die Rolle des Publikums

Zuschauer als ‚Co-Creator'

Katharsis

Die Zuschauer werden im zeitgenössischen Theater nicht bloß als passive Rezipienten verstanden. Sie sind vielmehr – im konstruktivistischen Sinne – produktive, das Aufführungsereignis aktiv miterzeugende ‚Co-Creators'. Theaterschaffende stehen damit vor einer doppelten Herausforderung: Zum einen versuchen sie das szenische Produkt mit der Lebenswelt, den Erfahrungen und Emotionen der Zuschauergemeinschaft zu verknüpfen, zum anderen müssen sie in die Inszenierung aber auch genug Fremdes oder Irritierendes integrieren – um so Fragen, Spannung, Ergriffenheit, Schrecken, Bestürzung oder Staunen auslösen und damit Reaktionen hervorrufen zu können, die ihrerseits das Geschehen auf der Bühne beeinflussen. Zeitgenössisches Theater zielt dabei – anders als die klassischen Dramaturgien der Antike – weniger auf Katharsis im Sinne eines psychodynamischen Prozesses der „Affektentladung" (Balme 2001, 49). Ein heutiges Publikum will nicht so sehr überwältigt, beindruckt oder belehrt werden – es verlangt vielmehr ein gemeinsames Verständnis von der Sache, um auf Augenhöhe ‚mitdiskutieren' zu können. Theaterschaffende sollten also ein dem Thema angemessenes Diskussionsniveau anpeilen und zugleich beim Publikum voraussetzen. Die Organisation des szenischen Produkts in Hinblick auf das Publikum ist die zentrale Aufgabe bei der Produktion von Theater. Die potentiellen Zuschauerinnen und Zuschauer sind somit Gegenstand und Ziel aller inszenatorischen oder dramaturgischen Bemühungen (vgl. Kapitel 2 und 4).

Jens Roselt über die Aufführung als dialogisches Zwischengeschehen

„Seid Ihr alle da?" Mit dieser Frage beginnt für viele Menschen die erste Theateraufführung in ihrem Leben, an der sie als Zuschauer teilnehmen. Die Figur, die sich damit an ihr kindliches Publikum wendet, heißt Kasper. [...] Die Theorie des Theaters hat sich immer wieder bemüht, den verhältnismäßig simplen Sachverhalt, der sich in diesem kurzen Dialog ausspricht, als Modus von Theateraufführungen zu beschreiben. Es geht um die gleichzeitige Anwesenheit von Akteuren und Zuschauern, welche die räumliche und zeitliche Gegenwärtigkeit des Theaters kennzeichnet. [...] Das Ur-Ereignis Theater ist nicht nur eine Bühnenkunst, sondern auch eine Zuschaukunst.

Jens Roselt, Phänomenologie des Theaters (2008), Seiten 9 und 367

Zwar leuchtet rasch ein, dass Theater erst durch die Anwesenheit und die Mitwirkung von Zuschauenden entsteht. Die Funktion und Bedeutung des Publikums innerhalb einer Theateraufführung kann allerdings ganz unterschiedlich ausfallen: Je nachdem, wie die Beziehung zwischen Akteuren und Publikum gestaltet ist, wie man es sinnlich affiziert, in Bewegung setzt und gar zum aktiven Mitspieler macht, wird eine individuell andere „Kultur des Zuschauens" ausgebildet, wird der Zuschauer zum Voyeur, zur Zeugin oder zum mitschöpfenden Akteur (vgl. Paule 2009).

Publikumsbezug der Darstellung

Markante Zuschauerfahrungen können mitunter gerade dort entstehen, wo sie gar nicht intendiert waren. Die Zuschauerin macht oft mehr oder andere Erfahrungen als eben jene, die von den Theaterschaffenden mit den von ihnen gestalteten szenischen Vorgängen beabsichtigt wurden. Auch, ob das in mühseliger Probenarbeit hergestellte Aufführungsprodukt tatsächlich das Gütesiegel ‚Kunst' verliehen bekommt, hängt letztlich von den (nachträglichen) Zuschreibungen der Beobachter ab. Kurz: Die Aufführung als „Zwischengeschehen von Bühne und Publikum" ist nicht vollständig kalkulierbar. Und: ‚Die' Wirkung auf ‚das' Publikum gibt es genau genommen nicht, vielmehr gibt es sowohl verschiedene ‚Publikümer' als auch individuelle „Stile des Zuschauens" (Roselt 2008, 366).

Intentionalität versus Responsivität

Presse- und Öffentlichkeitsarbeit

Presse- und Öffentlichkeitsarbeit besteht darin, zwischen der Welt der Theaterschaffenden und der Welt verschiedener „Teilöffentlichkeiten" zu vermitteln (Mandel 2009, 44). Wie umfangreich sie betrieben werden kann, hängt natürlich auch davon ab, wie viel Zeit und Budget zur Verfügung stehen (vgl. Abb. 10). Wichtig ist auch, dass alle externen Kontakte und der Einsatz verschiedener Kommunikationsmittel (E-Mail-Verteiler, Pressemitteilung, Online-Auftritt) über eine zentrale Person oder eine PR-Gruppe, in der Regel die Projektleitung, koordiniert werden.
Um eine Öffentlichkeit für die Aufführung zu gewinnen, ist zu klären, was das eigene Produkt bzw. Profil kennzeichnet (Wer sind „wir"? Was macht unsere Aufführung aus? vgl. Kapitel 2). Aus einer entsprechenden 'Corporate Identity' lassen sich dann Ziele und Strategien für die Presse- und Öffentlichkeitsarbeit ableiten. Dabei gilt es drei weitere Fragenkomplexe im Blick zu behalten (ebd., 43):

Frage 1: „Wer sind unsere zentralen Zielgruppen, auf wen konzentrieren wir uns?"
Geht es darum, sich auf ein Stammpublikum aus Freunden und Angehörigen zu konzentrieren oder darum, ein ausgewähltes Fachpublikum aus Theaterkolleginnen, Lehrern oder anderen Multiplikatorinnen zu erreichen oder aber darum, gezielt Politikerinnen und Sponsoren anzusprechen? Oder geht es, im Gegenteil, um eine Diversifizierungsstrategie – also darum, ein junges *und* älteres, ein bildungsbürgerliches *und* ‚bildungsfernes' Publikum zu umwerben?

Frage 2: „Welche zentralen Botschaften sollen bei diesen Gruppen ankommen?"
Je nachdem, wer sich für das Theaterprojekt interessieren soll, wird eine Kernbotschaft bzw. werden für „verschiedene Zielgruppen spezifische Botschaften" formuliert (ebd.). Öffentlichkeitsarbeit orientiert sich also nicht an einer ausgefallenen Idee, die nur unter den Beteiligten der Produktion selbst verstanden wird, sondern passt sich den Interessen potentieller Besucher an. Dabei ist u. U. auch zu bedenken: Soll vor allem die Aufführung beworben werden oder geht es eher darum, die Stärken der dahinterstehenden Institution bekannt zu machen?

Frage 3: „Mit welchen Mitteln und auf welchen Wegen erreichen wir diese Gruppen am besten?"
Theateraufführungen konkurrieren mit allen anderen Kommunikationsangeboten, die in der medial geprägten Öffentlichkeit um Aufmerksamkeit kämpfen. Daher muss die Kernbotschaft auf attraktive Weise kommuniziert werden – zum Beispiel durch einen bekannten oder neugierig machenden Titel, durch ein ansprechendes Bildmotiv und durch einen interessanten Ankündigungstext, der zudem die wichtigsten Informationen bereitstellt (Ort, Uhrzeit, Eintrittspreis etc.).

Weiterführende Literatur:
Mandel, Birgit (2009) PR für Kunst und Kultur. Handbuch für Theorie und Praxis. Bielefeld, Seite 42 ff.

Auch die universitäre Theaterarbeit umkreist immer wieder Fragen der Publikumsdramaturgie, also Möglichkeiten und Verfahren, den Zuschauer neu zu denken: Wie strukturiert man das Theaterereignis so, dass es zu einer bewusst gelenkten Interaktion mit dem Publikum kommt? Wann wendet man sich direkt an das Publikum? Soll es gezielt aktiviert und zu bestimmten Handlungen bewegt werden – oder ermöglicht man eher einen kontemplativen Kunstgenuss? Im Zusammenhang mit dem zuvor geschilderten Jelinek-Projekt (vgl. Kapitel 6.4) zum Beispiel vertraten Studierende durchaus unterschiedliche Positionen, wie der fein abgestimmte Kontakt zum Publikum herzustellen sei: Einigen Spielerinnen war es besonders wichtig, eine nachvollziehbare, einfache Erzählstruktur zu entwickeln, um dem Publikum darin geeignete Orientierungs- und Haltepunkte zu verschaffen („Ich würde mich freuen, wenn es meine 16-jährige Schwester auch versteht!"). Andere dagegen plädierten dafür, bei den Zuschauern vor allem jene ‚Ambiguitätstoleranz' vorauszusetzen oder einzufordern, die auch ihnen selbst bei der Erarbeitung abverlangt worden war. Sie wollten nicht alles erklären, sondern bewusst Stellen lassen, die unbestimmt bleiben. Dabei hatten sie offenbar eine Art idealen Rezipienten vor Augen, den man fordern und ‚mündig machen' kann, der dem theatralen Treiben in einer Art gleichschwebender Aufmerksamkeit folgt – ohne bestimmte Wahrheiten, Botschaften oder endgültige Einsichten zu erwarten.

Unbestimmtheitsstellen lassen

Überlegungen zur Aktivierung des Publikums lassen oftmals außer Acht, wie entlastend es sein kann, nicht ‚partizipieren' zu müssen. Gerade die Möglichkeit, etwas genau und ungestört wahrnehmen zu dürfen, *ohne* unmittelbar beteiligt zu werden, *ohne* öffentlich reagieren zu müssen, ist auch eine Chance des Theaters. In diesem Sinne wäre es oftmals besser, nicht nur darüber nachzudenken, wie man Sehgewohnheiten ‚bricht', sondern vielleicht auch, wie man das Publikum ausnehmend höflich, großzügig und zuvorkommend behandelt.

‚Tyrannei' der Partizipation

Vor diesem Hintergrund beschäftigt sich Publikumsdramaturgie grundsätzlich mit verschiedenen Formen und Möglichkeiten der Beteiligung. Sie reicht von der Frage, wie man eine Öffentlichkeit schafft und diese auf das Theatererlebnis einstimmt (Einlass, Foyer, Programmheft, Exposition) bis zur Moderation eines Publikumsgesprächs nach der Aufführung. Auch jenseits der konkreten Aufführungssituation können die Zuschauer mit Fragen konfrontiert werden: „Das kann durch ein Programmheft oder -blatt geschehen, in Form einer Ausstellung oder Installation, die den Erarbeitungsprozess dokumentiert und visualisiert, oder auch als

Publikumsnavigation: vom Einlass bis zum Nachgespräch

eine Ebene der Darstellung, die explizit in die Aufführung einbezogen wird“ (Hentschel 2011, 38).

Zu guter Letzt ist auch der Applaus nicht nur die Erfüllung einer bloßen Konvention, sondern ein kommunikativer Akt. Wie die Akteure den Schlussapplaus annehmen, sollte daher besprochen und geübt werden. Denn dies ist der Moment, in dem sie den Blick des Publikums persönlich erwidern. Umgekehrt können sie mit etwas Erfahrung durchaus Abstufungen heraushören: Applaus kann eher schleppend ausfallen, respektvoll-höflich, aber auch ansteckend sein – bis zum langen Applaus mit Pfiffen, Jubel und Trampeln, Standing Ovations.

Weiterführende Literatur

Wartemann, Geesche (2011) Die Kunst des Zuschauens – ein Baustein zum Wechselspiel zwischen Bühne und Publikum. In: Bundeszentrale für politische Bildung (Hg.) Theater probieren, Politik entdecken. Themen- und Materialienbände. Bonn, S. 203–232

Leitfragen zur Rolle des Publikums

- Welche Informationen benötigt das Publikum womöglich bereits vor der Aufführung? Wie wird es auf das Theaterereignis eingestimmt?
- Wie wird die kommunikative Situation und der Kontakt zwischen Spielerinnen und Publikum in der Aufführung gestaltet? In welcher Weise soll das Publikum am szenischen Geschehen ‚partizipieren'? Welche gedankliche, emotionale Bewegung durchläuft es während der Aufführung?
- Gibt es plausible Gründe für die direkte Ansprache oder die spielerische Einbeziehung des Publikums?
- Welche Wege legt das Publikum zurück – vom Einlass bis zum Nachgespräch (Publikumsnavigation, Stationentheater)? Wie sollte es sich idealerweise verhalten, welche Eindrücke und intensiven Erlebnisse soll es aus der Aufführung mitnehmen?

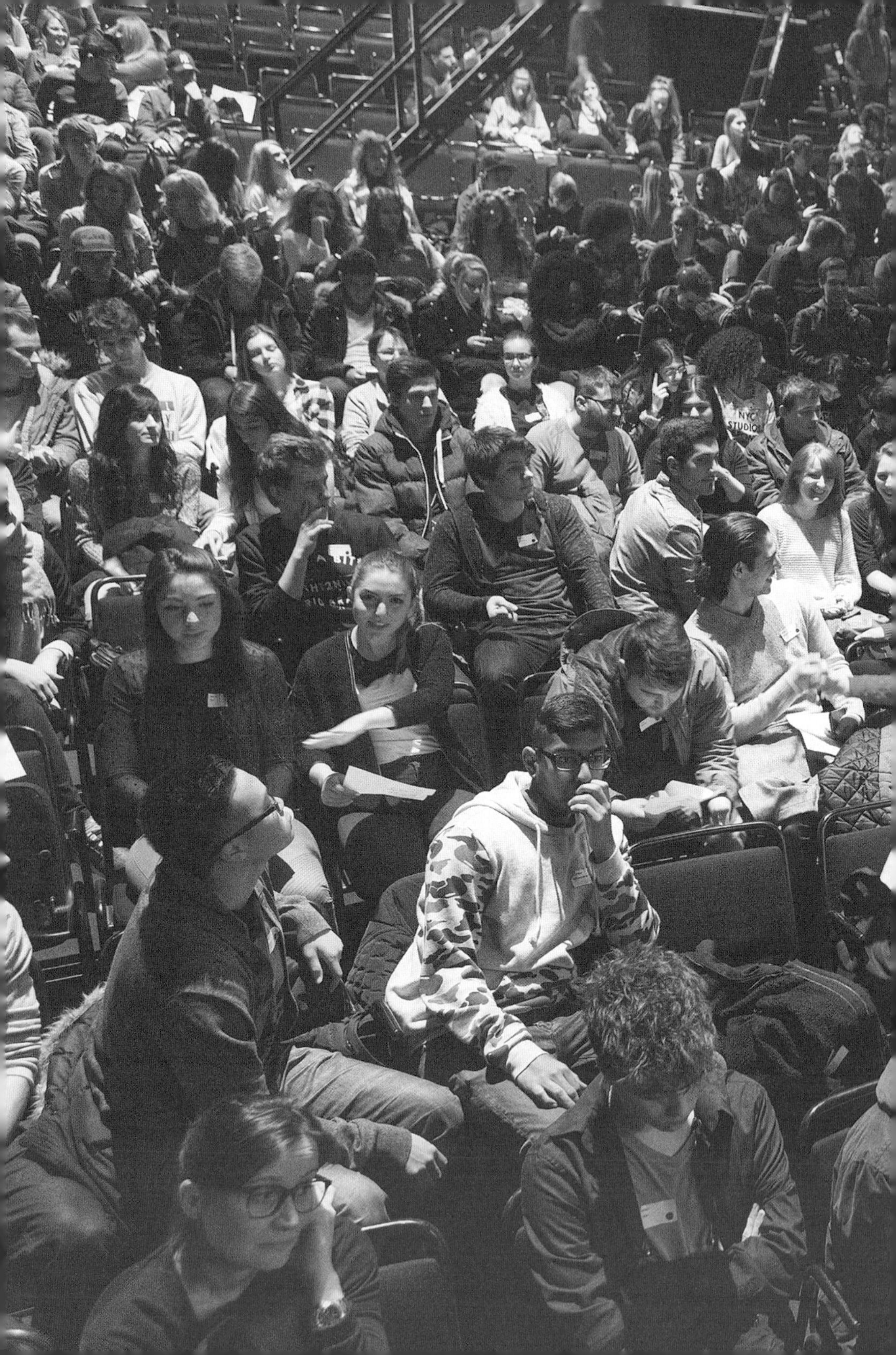
NYC
STUDIOS

ANHANG

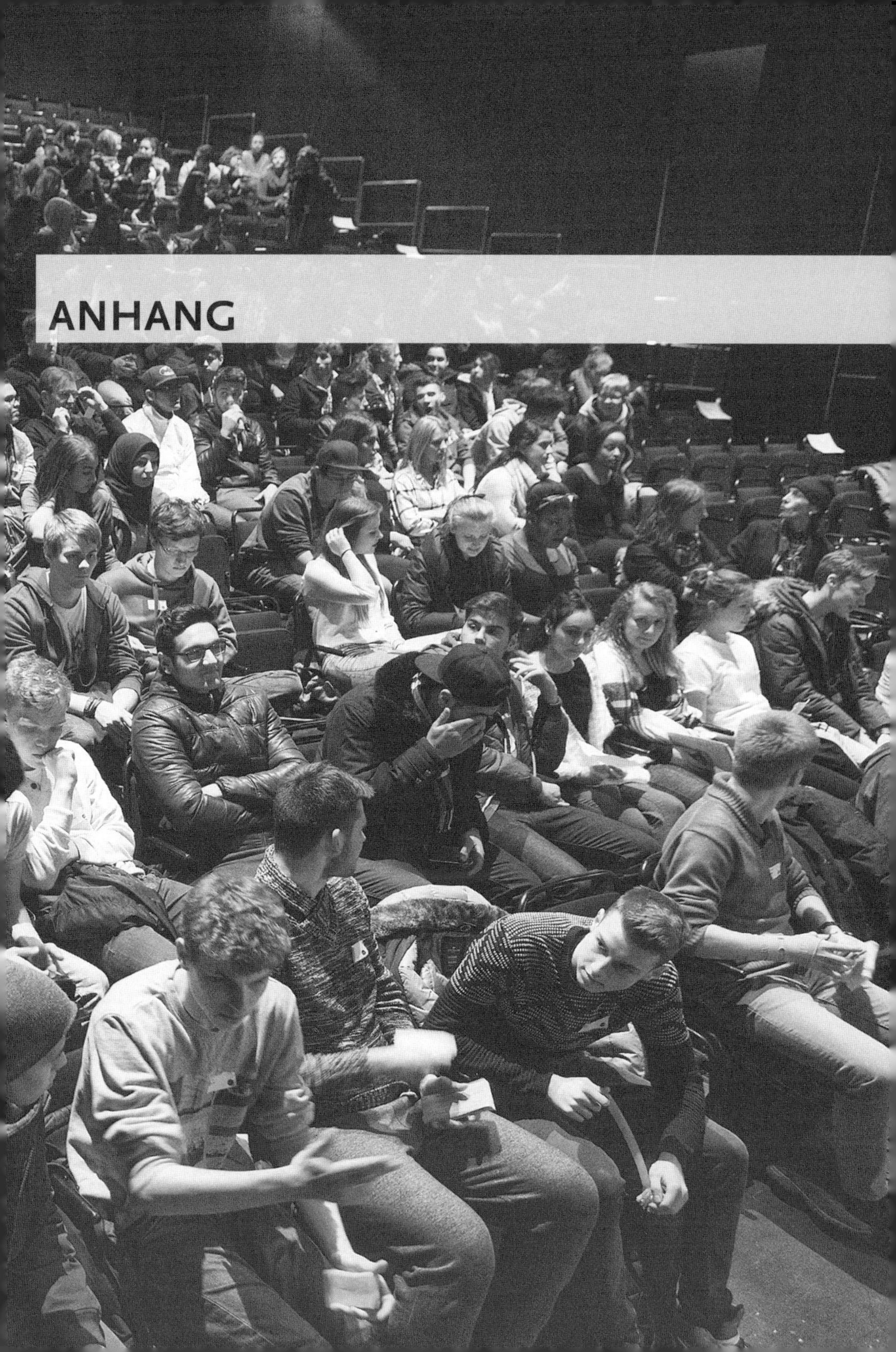

Abb. 27: Theaterpädagogik am Theater: Projekttag *Neue Dramatik* an der Schaubühne Berlin 2015, Foto: Gianmarco Bresadola

8 Anhang

Theaterpädagogische Zeitschriften

Fokus Schultheater, edition Körber-Stiftung, Hamburg

Schultheater, Friedrich Verlag, Seelze

Spiel & Theater – Die Zeitschrift für Theater von und mit Jugendlichen, Deutscher Theater Verlag Weinheim

Zeitschrift für Theaterpädagogik, Schibri-Verlag, Milow

Literaturangaben

Adorno, Theodor W. (1973) Ästhetische Theorie. Frankfurt am Main

Aristoteles (1961) Poetik. Übersetzung, Einleitung und Anmerkungen von Olof Gigon. Stuttgart

Baecker, Dirk (2006) Thesen zur Rolle und Funktion des Dramaturgen. In: Dramaturgische Gesellschaft (Hg.) Dramaturgie. Heft 1/2006, S. 23–25

Balme, Cristopher (2001) Einführung in die Theaterwissenschaft. Berlin

Barton, Brian (1987) Das Dokumentartheater. Stuttgart

Bahr, Andreas (1988) Imagination und Körpererleben. In: Gumbrecht, Hans Ulrich; feiffer, K. Ludwig (Hg.) Materialität der Kommunikation. Frankfurt am Main, S. 680–702

Bicker, Björn (2011) Die Kunst der Teilhabe. Stadttheater als politische Praxis. In: Roeder, Anke; Zehelein, Klaus (Hg.) Die Kunst der Dramaturgie. Theorie, Praxis, Ausbildung. Leipzig, S.193–201

Boenisch, Peter (2012) Drama – Dramaturgie. In: Marx, Peter (Hg.) Handbuch Drama. Stuttgart u. a., S. 43–52

Bosse, Claudia (2008) Chor ist Gefahr. In: Programmheft zur Inszenierung „Die Perser“, Festival Theaterformen. Siehe online unter: http://www.theatercombinat.com/projekte/perser/pdf/presse-PerserBs.pdf (letzter Abruf: 2. Mai 2016)

Brauneck, Manfred (1995) Theater im 20. Jahrhundert. Programmschriften, Stilperioden, Reformmodelle. Reinbek bei Hamburg

Brecht, Bertolt (1993) Haltung des Probenleiters (bei induktivem Vorgehen). In (ders.) Werke. Große kommentierte Berliner und

Frankfurter Ausgabe. Hg. von Werner Hecht u.a., Bd. 22.1, Schriften 2, Teil 1, Frankfurt am Main u. a. S. 597–599

Brook, Peter (1969) Der leere Raum. Möglichkeiten des heutigen Theaters. Hamburg

Bundeszentrale für politische Bildung (Hg.) (2011) Theater probieren – Politik entdecken. Themen- und Materialienband. Bonn

Callery, Dymphna (2001) Through the body. Exploration and excersises in devising, mask-work, play, complicité and total theatre. London

Deck, Jan (2014) Paradoxe Verhältnisse. Zum biopolitischen Kontext der Theaterarbeit mit Kindern und Jugendlichen. In: (ders.) Primavesi, Patrick (Hg.) Stop teaching! Neue Theaterformen mit Kindern und Jugendlichen. Bielefeld, S. 47–67

Deleuze, Gilles; Guattari, Félix (1977) Rhizom. Berlin

Donath, Katharina (2012) Biografisches Theater und Holocaust. Eindrücke des Workshops „Biografisches Theater – Anita Lasker-Wallfisch" in Schwerin. Siehe online unter: http://www.bpb.de/gesellschaft/kultur/kulturelle-bildung/147696/biografisches-theater-und-holocaust (letzter Abruf: 06.06.2016)

Dössel, Christine (2016) Schöne Stimmen. in: Süddeutsche Zeitung vom 29. April. Siehe online unter: http://www.sueddeutsche.de/kultur/theater-schoene-stimmen-1.2973343 (letzter Abruf: 06.06.2016)

Fischer-Lichte, Erika (2010) Theaterwissenschaft. Ein Einführung in die Grundlagen des Faches. Tübingen

Foucault, Michel (1991) Andere Räume. In: Narck, Karlheinz; Gente, Peter; Paris, Heidi; Richter, Stefan (Hg.) Aisthesis. Wahrnehmung heute oder Perspektiven einer anderen Ästhetik. Leipzig, S. 34–46

Forum für Kunst und Kultur Heersum e.V. (Hg.) (2012) Die Chroniken von Heersum. Von der Steinzeit zur Sternzeit. Hildesheim

Frank, Martin (2015) Es müsste ein Spiel sein. Rückblick auf 20 Jahre Theatertreffen der Jugend-Jury. In: Berliner Festspiele (Hg.) 36. Theatertreffen der Jugend. Berlin, S. 65–79

Frenzel, Florian (2013) Zwischen Selbstdisziplin und Selbsterfahrung: Die Übung als Medium der Subjektkonstitution. In: Zeitschrift für Theaterpädagogik, Heft 62: Regie und Spielleitung, Milow u.a., S. 22–24

Freytag, Gustav (1863) Die Technik des Dramas. Leipzig

Fundus Theater Hamburg u. Profound Kindertheater e. V. (Hg.) (2007) Das Forschungstheater im FundusTheater. Grundlagen, Leitlinien, Spielregeln, Hamburg. Siehe online unter: http://www.fundus-theater.de/wp-content/uploads/2011/06/brsch_showandtell.pdf (letzter Abruf: 06.06.2016)

Girtler, Roland (2001) Methoden der Feldforschung. Wien u. a.
Gob Squad (2010) Gob Squad und der unmögliche Versuch, daraus klug zu werden. Lesebuch. Berlin
Goebbels, Heiner (2012) „Kunst kann das Leben verändern". Interview von Peter Kümmel und Klaus Spahn. Siehe online unter: http://www.zeit.de/2012/18/KS-Goebbels/komplettansicht (letzter Abruf: 06.06.2016)
Goetz, Rainald (1986) Was ist ein Klassiker? In (ders.) Hirn. Frankfurt am Main, S. 225
Green, Norm; Green, Kathy (2005) Wie verändert sich die Rolle des Lehrers? In (dies.): Kooperatives Lernen im Klassenraum und im Kollegium. Das Trainingsbuch. Seelze-Velber, S. 98–105
Gromes, Hartwin (2000) Praktische Theaterwissenschaft in der Hildesheimer Projektarbeit. In: Kurzenberger, Hajo; Gromes, Hartwin (Hg.) Theatertheorie szenisch. Reflexion eines Theaterprojekts. Hildesheim, S. 9–25
Haas, Birgit (2009) Wohin geht das deutschsprachige Drama? (Editorial) In: (dies.) Dramenpoetik 2007. Einblicke in die Herstellung eines Theatertextes. Hildesheim, S. 7–32
Handke, Peter (1972) Ich bin ein Bewohner des Elfenbeinturms, Frankfurt am Main
Handke, Peter (2007) Leben ohne Poesie. Gedichte. Herausgegeben von Ulla Berkéwicz. Frankfurt am Main
Hartmann, Anne (2009). Die Devising Performance als theaterpädagogische Arbeitsmethode. In: Hilliger, Dorothea (Hg.) Freiräume der Enge. Milow, S. 111–139
Hentschel, Ulrike (2007) Theater und Neue Dramatik in der Schule. Herausgegeben vom Siemens Arts Programm, Kultur in Schule und Studium. München
Hentschel, Ulrike (2010): Theaterspielen als ästhetische Bildung. Über einen Beitrag produktiven künstlerischen Gestaltens zur Selbstbildung. Dritte Auflage. Milow
Hentschel, Ulrike (2011) Zwischen Denken und Spielen. In: Schultheater, Heft 6: Dramaturgie. Velber, S. 36–38
Herdemerten, Frank (1998) Spielleitung und Spielgruppe. Leitung und Selbststeuerung der Spielgruppe – ein dialogisches Prinzip. In: Lippert, Elinor (Hg.) Theaterspielen. Bamberg, S. 48–68
Hessisches Kulturministerium (Hg.) (2013) Leitfaden Urheberrecht für die Kulturelle Praxis in Schulen. Darstellendes Spiel, Musiktheater, Musical, Konzerte, Lesungen, Filmvorführungen. Wiesbaden Siehe online unter: http://kultur.bildung.hessen.de/theater/hkm_leitfaden_urheberrecht_fuer_die_kulturelle_praxis.pdf (letzter Abruf: 06.06.2016)

Hilliger, Dorothea (2006) Theaterpädagogische Inszenierung. Beispiele, Reflexionen, Analysen. Milow u. a.

Hilliger, Dorothea (2012) Shared time and space – Teil sein und Teil haben in Schule und Theater. In: Giese, Nadine; Koch, Gerd; Mazzini, Silvia (Hg.) SozialRaumInszenierungen. Lingener Beiträge zur Theaterpädagogik. Bd. 11. Milow, S. 71–76

Hiltunen, Ari (2001) Aristoteles in Hollywood. Bergisch Gladbach

Hinz, Melanie; Roselt, Jens (Hg.) (2011) Chaos und Konzept. Proben und Probieren im Theater. Berlin Köln

Hinz, Melanie (2013) Regieführen an der Dresdner Bürgerbühne. In: Zeitschrift für Theaterpädagogik, Heft 62: Regie und Spielleitung, Milow u. a., S. 25–28

Hinz, Melanie (2014) Situative Regie. Am Beispiel von FKK. Eine Frauenkörperkomödie und Cash. Das Geldstück. In: Kurzenberger, Hajo; Tscholl, Miriam (Hg.) Die Bürgerbühne. Das Dresdner Modell. Berlin, S. 99–111

Hippe, Lorenz (2011) Und was kommt jetzt? Szenisches Schreiben in der theaterpädagogischen Praxis. Weinheim

Hruschka, Ole (2005) Magie und Handwerk – Reden von Theaterpraktikern über die Schauspielkunst. Hildesheim

Hruschka, Ole (Hg.) (2009a) Shakespeare revisited. Theatrale Verfahren der Vergegenwärtigung eines ‚Klassikers'. Hildesheim

Hruschka, Ole (2009b) Shakespeare probieren. Dramaturgie und Didaktik im Theater mit Jugendlichen. In: Schneider, Wolfgang (Hg.) Theater und Schule. Ein Handbuch zur kulturellen Bildung. Bielefeld, 195–203

Hruschka, Ole (2010) Lebendige Lektionen. Zur öffentlichen Didaktik der Stadt- und Staatstheater. In: Schneider, Wolfgang; Fechner, Meike (Hg.) Theater und Schule. Vom Modell zum Programm. ASSITEJ Bundesrepublik Deutschland, S. 57–71

Hruschka, Ole (2011) Kritik üben – ein Baustein über die Kunst, Theater zu beschreiben und zu deuten. In: Bundeszentrale für politische Bildung (Hg.) Theater probieren, Politik entdecken. Themen- und Materialienbände. Bonn, S. 233–261

Hruschka, Ole (2012) Theaterpädagogik in der Schule. In: Sachser, Dietmar; Streisand, Marianne; Nix, Christoph (Hg.) Theaterpädagogik. Berlin: Theater der Zeit, S. 166–181

Jäckle, Uli (2012) Zehn Regeln für ein anderes Volkstheater. In: Forum für Kunst und Kultur Heersum e.V. (Hg.) Die Chroniken von Heersum. Von der Steinzeit zur Sternzeit. Hildesheim, S. 8–9

Jelinek, Elfriede (1999) Macht nichts. Eine kleine Trilogie des Todes. Reinbek bei Hamburg

Jelinek, Elfriede (2002) Prinzessinnendramen. Der Tod und das Mädchen I – V. Reinbek bei Hamburg

Jelinek, Elfriede (2003) In Mediengewittern. (Antwort auf die Frage: „In Mediengewittern - die Theater überflüssig?“ für Theaterbrevier, hsg.: Ausschuß für künstlerische Fragen im Bühnenverein) Siehe online unter: http://www.a-e-m-gmbh.com/wessely/fblitz.htm (3.2.2014), datiert mit 28.4.2003 (= Elfriede Jelineks Website, Rubriken: Archiv 2003, zum Theater). (letzter Abruf: 06.06.2016)

Jurké, Volker (2015) Achtung Erkenntnis! Teil II. Theater macht Schule – SprachRäume-SprechOrte. In: Zeitschrift für Theaterpädagogik, Heft 66, S. 38–42

Kaempf, Simone (2013) Das Paradies ist lange her. Tobias Rausch lässt am Deutschen Theater Berlin ein Dutzend Jugendliche Geschichten über Flucht erzählen. Siehe online unter: http://www.nachtkritik.de/index.php?option=com_content&view=article&id=7622:fluchtpunkt-berlin-tobias-rausch-laesst-am-deutschen-theater-berlin-in-kooperation-mit-den-frankfurter-positionen-ein-dutzend-jugendliche-geschichten-ueber-flucht-erzaehlen&catid=35&Itemid=100476 (letzter Abruf: 06.06.2016)

Kahl, Reinhard (2004) Treibhäuser der Zukunft. Wie in Deutschland Schulen gelingen. DVD 2, Hamburg. Siehe online unter: www.archiv-der-zukunft.de

Kirby, Michael (2006) Schauspielen und Nicht-Schauspielen. In: Roselt, Jens (Hg.) Seelen mit Methode. Schauspieltheorien vom Barock bis zum postdramatischen Theater. Berlin, S. 361–375

Klein, Gabriele (2015) Der Choreografische Baukasten. Das Buch. Bielefeld

Klein, Julian (2009) Per.Spice! Wirklichkeit und Relativität des Ästhetischen. Theater der Zeit, Recherchen 71, Berlin

Klepacki, Leopold (2007) Die Ästhetik des Schultheaters. Pädagogische, theatrale und schulische Dimensionen einer eigenständigen Kunstform. Weinheim und München

Koch, Gerd (1997) Theater-Spiel als szenische Sozialforschung. In: Belgrad, Jürgen (Hg.) TheaterSpiel. Ästhetik des Schul- und Amateurtheaters. Hohengehren, S. 81–95

Köhler, Norma (2009) Biografische Theaterarbeit zwischen kollektiver und individueller Darstellung. Ein theaterpädagogisches Modell. München

Kormann, Eva (2009) Die Bühne als medialer Echo-Raum. Zu Elfriede Jelineks Bambiland. In: Schößler, Franziska; Bähr, Christine (Hg.) Ökonomie im Theater der Gegenwart. Ästhetik, Produktion, Institution. Bielefeld, S. 343–356

Kotte, Andreas (2005) Theaterwissenschaft. Köln

Kurzenberger, Hajo (2004) Aufführungsanalyse im Deutschunterricht: Ein Vergleich der „Emilia Galotti"-Inszenierungen von Thomas Langhoff (1984) und Michael Thalheimer (2001). In: Der Deutschunterricht 2 /2004, S. 5–17

Kurzenberger, Hajo (2009) Der kollektive Prozess des Theaters. Chorkörper – Probengemeinschaften – theatrale Kreativität. Bielefeld

Kurzenberger, Hajo (2011) Multiperspektivität des Darstellens. Zum Paradigmenwechsel des Schauspielens. In: Müller, Stephan; Rey, Anton; (ders.) (Hg.): Wirkungsmaschine Schauspieler: Vom Menschendarsteller zum multifunktionalen Spielemacher. subTexte 06, Zürich, S. 75–84

Kurzenberger, Hajo; Tscholl, Miriam (Hg.) (2014) Die Bürgerbühne. Das Dresdner Modell. Berlin

Lang, Thomas (2012) Interest me! Theaterpädagogische Projektarbeit und die „interessierte Öffentlichkeit". In: Sachser, Dietmar; Streisand, Marianne; Nix, Christoph (Hg.) Theaterpädagogik. Theater der Zeit, Lektionen 5, Berlin S. 158–181

Lasker-Wallfisch, Anita (2011) Ihr sollt die Wahrheit erben. Die Cellistin von Ausschwitz. Erinnerungen. Mit einem Vorwort von Klaus Harpprecht. Hamburg

Lehmann, Hans-Thies (1999) Postdramatisches Theater. Frankfurt am Main

Lehmann, Hans-Thies (2010) Kinder, Theater, Nichtverstehen. In: Vaßen, Florian (Hg.) Korrespondenzen. Theater – Ästhetik – Pädagogik. Milow, S. 19-29

List, Volker; Pfeiffer, Malte (2009) Kursbuch Darstellendes Spiel. Stuttgart, Leipzig

Lücke, Bärbel (2005) Denkbewegungen, Schreibbewegungen, Weiblichkeits- und Männlichkeitsmythen im Spiegel abendländischer Philosophie. Eine dekonstruktivistische Lektüre von Elfriede Jelineks Prinzessinnendramen „Der Tod und das Mädchen I – III", in: Gruber, Bettina; Preußer, Heinz-Peter (Hg.) Weiblichkeit als politisches Programm? Sexualität, Macht und Mythos. Würzburg, S. 107–136

Lux, Joachim (2006) Die Heimat, der Tod und das Nichts. 42.500 Zeichen über die Heimatdichterin Elfriede Jelinek: kurz und bündig. In: Landes, Brigitte (Hg.) stets das Ihre: Elfriede Jelinek. Berlin, S. 34–46

Malzacher, Florian (2016) Welche Impulse braucht die Freie Szene? Der künstlerische Leiter des Festivals «Impulse» im Interview. Siehe online unter: http://www.kultiversum.de/Theaterheute/FOYER-Malzacher-Freie-Szene-.html (letzter Abruf: 06.06.2016)

Mandel, Birgit (2009) PR für Kunst und Kultur. Handbuch für Theorie und Praxis. Bielefeld

Marsch, Karola (2014) Die Winterakademie am Theater an der Parkaue Berlin als Feldversuch künstlerischer Forschung mit Kindern und Jugendlichen. In: Primavesi, Patrick; Deck, Jan (Hg.) Stop teaching! Neue Theaterformen mit Kindern und Jugendlichen. Bielefeld, S. 287–295

Matzke, Annemarie (2005) Testen, Spielen, Tricksen, Scheitern. Formen szenischer Selbstinszenierung im zeitgenössischen Theater. Hildesheim

Matzke, Annemarie (2011) Die Stadt als Bühne – ein Baustein zu Theater im öffentlichen Raum. In: Bundeszentrale für politische Bildung (Hg.) Theater probieren, Politik entdecken. Themen- und Materialienbände. Bonn, S. 187–202

Matzke, Annemarie (2012a) Jenseits des Freien Theaters. Hildesheimer Thesen V: Das Freie Theater gibt es nicht. Siehe online unter: http://nachtkritik.de/index.php?view=article&id=7472:hildesheimer-thesen-v-n&option=com_content&Itemid=84 (letzter Abruf: 06.06.2016)

Matzke, Annemarie (2012) Arbeit am Theater. Eine Diskursgeschichte der Probe. Bielefeld

Mende, Julian (2016) Vom Erforschen des Forschungstheaters. Zur Divergenz von Festivalthema, Fachdiskurs und Aufführungen. In: Fokus Schultheater, Heft 15: Forschendes Theater. Seelze, S. 78–81

Mieruch, Gunter (2007) Die Eigenproduktion – frei oder orientiert an Themen und Stoffen. Auf der Suche nach strukturierenden Elementen theaterpädagogischer Arbeit. In: Spiel & Theater. Heft 180. Weinheim, S. 25–27

Mörsch, Carmen (2011) Watch this Space! Positionen beziehen in der Kulturvermitlung. In: Sack, Mira; Rey, Anton; Schöbl, Stefan (Hg.) Theater – Vermittlung – Schule. Ein Dialog. Zürich, S. 8–25

Müller, Burkhard (1994) Soziale Kulturarbeit, kulturelle Sozialarbeit oder einfach Theater? In: Kurzenberger, Hajo; Matzke, Frank (Hg.) Interkulturelles Theater und Theaterpädagogik. MuTh 2. Hildesheim, S. 66–82

Nikitin, Boris; Schlewitt, Carena; Brenk, Tobias (Hg.) (2014) Dokument, Fälschung, Wirklichkeit. Materialienband zum zeitgenössischen Dokumentarischen Theater. Recherchen 110. Berlin

Nikitin, Boris (2014) Der unzuverlässige Zeuge. Zwölf Behauptungen über das Dokumentarische. In: (ders.); Schlewitt, Carena; Brenk, Tobias (Hg.) (2014) Dokument, Fälschung, Wirklichkeit.

Materialienband zum zeitgenössischen Dokumentarischen Theater. Recherchen 110. Berlin, S. 12–19

Nübling, Sebastian (1998) Chorisches Spiel I + II. Übungsbeispiele und Strukturelemente eines theatralen Verfahrens. In: Kurzenberger, Hajo (Hg.) Praktische Theaterwissenschaft. Spiel – Inszenierung – Text. Hildesheim, S. 41–87

Paule, Gabriela (2009) Kultur des Zuschauens. Theaterdidaktik zwischen Textlektüre und Aufführungsrezeption. München

Peters, Sybille (2011) Der Vortrag als Performance. Bielefeld

Peters, Sybille (2013) Das Forschen aller. Artistic Research als Wissensproduktion zwischen Kunst, Wissenschaft und Gesellschaft. Bielefeld

Pinkert, Ute (2008): Theater machen! Ja, aber welches? Paradigmenwechsel in der Theaterpädagogik. In: Streisand, Marianne u. a. (Hg.): Talkin' about my Generation. Archäologie der Theaterpädagogik II. Milow u.a., S. 252–267

Pinkert, Ute (2009) Jenseits von Heilsversprechungen – Über die Wirkungen des Theaterspielens. In: infodienst. Das Magazin für Kulturelle Bildung. Nr. 92, S. 10–12

Pinkert, Ute (2012) Transformationen des Alltags. Materialbasierte Theaterproduktionen in der Theaterpädagogik. In: Sachser, Dietmar; Streisand, Marianne; Nix, Christoph (Hg.) Theaterpädagogik. Theater der Zeit. Berlin, S. 72–79

Plath, Maike (2009) Biografisches Theater in der Schule. Mit Jugendlichen inszenieren: Darstellendes Spiel in der Sekundarstufe. Weinheim u. a.

Plath, Maike (2010) „Spielend" unterrichten und Kommunikation gestalten. Warum jeder Lehrer ein Schauspieler ist. Weinheim u. a.

Plath, Maike (2014) Partizipativer Theaterunterricht mit Jugendlichen. Praxisnah neue Perspektiven entwickeln. Weinheim Basel

Plessner, Helmuth (1993) Zur Anthropologie des Schauspielers [1948]. In: Rapp, Uri (Hg.) Rolle, Interaktion, Spiel. Eine Einführung in die Theatersoziologie. Wien u.a., S. 136–148

Post, Doris (2011) Individuum und Solidarität – ein Baustein zum chorischen Theater. In: Bundeszentrale für politische Bildung (Hg.)Theater probieren – Politik entdecken. Themen- und Materialienband. Bonn, S. 13–46

Radermacher, Norbert (Hg.) (2014) Theater mit allen. Konzepte, Methoden, Praxisbeispiele. Milow

Rausch, Tobias (2013a) Ein Trainingscamp für Heimweh. Tobias Rausch, Michael Böhler, und Anna Wuenst über Regie, Räume und Recherchen. In: Deutsches Theater Berlin (Hg.) Programmheft „Fluchtpunkt Berlin". Nr. 68. Spielzeit 2012/13. Berlin, S. 8–15

Rausch, Tobias (2013b) Interview über „Fluchtpunkt Berlin", Porträt im RBB Kulturradio vom 8.1.2013. Siehe online unter: https://www.deutschestheater.de/programm/archiv/f-j/fluchtpunkt_berlin/#anchor-navigation-34_doss0006 (letzter Abruf: 06.06.2016)

Rausch, Tobias (2014) Die 61. Minute. Die Macht der Narrative, die Ereignishaftigkeit des Lebens und das biographische Tiefeninterview. Siehe online unter: http://radar-institut.de/2014/10/die-61-minute-regisseur-tobias-rausch-ueber-interview-fuehrung (letzter Abruf: 06.06.2016)

Reinwand, Vanessa-Isabelle (2008) „Ohne Kunst wäre das Leben ärmer". Zur biografischen Bedeutung aktiver Theater-Erfahrung. München

Reinwand-Weiss, Vanessa-Isabelle (2015) Qualitätssicherung und Evaluation: Qualitätsdimensionen soziokultureller Projekte. In: Stiftung Niedersachsen (Hg.) Handbuch Soziokultur mit Projekten aus Niedersachsen. Heft 2: Qualität. Demographischer Wandel. Interkultur. Audience Development. Breitenkultur. Ausbildung. Fakten. Hannover, S. 7–10

Riedel, Klaus (2002) Zum Umgang mit einem Klassiker. Anmerkungen eines Spielleiters. In: Bundesarbeitsgemeinschaft für das Darstellendes Spiel in der Schule (Hg.): Fokus Schultheater 01: Zeitsprünge. Hamburg, S. 102–106

Riedel, Klaus (2007) Die Jungfrau von Orleans. In: Mangold, Cristine (Hg.) Grundkurs Darstellendes Spiel. Braunschweig, S. 69–84

Riedel, Klaus (2013) Occupy mich, Hamlet! Das Verhältnis von Rollenkonstruktion und Dramaturgie. In: Schultheater, Heft 12: Rolle, Seelze, S. 30–35

Rimini Protokoll (2012) ABCD. Saarbrücker Poetikdozentur. Herausgegeben und mit einem Nachwort von Johannes Birgfeld. Theater der Zeit 100, Berlin

Roesner, David (2004) Musik mit den ‚Mitteln der Bühne' – Aufführungsanalyse mit den Mitteln der Musik. In: Kurzenberger, Hajo; Matzke, Annemarie: TheorieTheaterPraxis. Theater der Zeit, Recherchen 17, S. 107–116

Röggla, Kathrin (2014) Die falsche Frage. Theater, Politik und die Kunst, das Fürchten zu verlernen. Theater der Zeit, Recherchen 116. Berlin

Rosa, Hartmut (2016) Resonanz. Eine Soziologie der Weltbeziehungen. Frankfurt am Main

Roselt, Jens (2006) Seelen mit Methode. Schauspieltheorien vom Barock bis zum postdramatischen Theater. Berlin

Roselt, Jens (2008) Phänomenologie des Theaters. München

Roselt, Jens (2012) Im toten Winkel: ‚Sehsüchte' im Theater. In: Westphal, Kristin (Hg.) Räume der Unterbrechung. Theater, Performance, Pädagogik. Oberhausen, S. 33–45

Roselt, Jens (2014) Dramaturgie der Krise. Theaterproben am Beispiel von Gunther Merz' Der Hexer von Niedernhall. In: Dieckmann, Stefanie (Hg.) Die andere Szene. Theaterarbeit und Theaterproben im Dokumentarfilm. Theater der Zeit. Recherchen 91. Berlin, S. 66–79

Sachser, Dietmar (2009) Theaterspielflow. Über die Freude als Basis schöpferischen Theaterschaffens. Berlin

Sachser, Dietmar; Streisand, Marianne; Nix, Christoph (Hg.) (2012) Theaterpädagogik. Theater der Zeit: Lektionen 5. Berlin

Sack, Mira (2011): spielend denken: theaterpädagogische Zugänge zur Dramaturgie des Probens. Bielefeld

Schechner, Richard (1994) Environmental theatre. New York

Scheurle, Christoph (2013) Erzähltheater und Stückentwicklung. Ein Workshop im Rahmen von „Abenteuer Kultur". In: Zeitschrift für Theaterpädagogik, Heft 62: Regie und Spielleitung. Milow, S. 40–44

Schiller, Friedrich (1992) Was kann eine gute stehende Schaubühne eigentlich wirken? Eine Vorlesung, gehalten zu Mannheim in der öffentlichen Sitzung der kurpfälzischen deutschen Gesellschaft am 26sten des Junius 1784. von F. Schiller, Mitglied dieser Gesellschaft, und herzogl. Weimarischen Rat. In: ders. Theoretische Schriften. Hg. von Rolf-Peter Janz. Frankfurt am Main, S. 185–200

Schiller, Friedrich (2013) Über die ästhetische Erziehung des Menschen in einer Reihe von Briefen [1793-94]. Berlin

Schlösser, Franziska (Hg.) (2012) Raum. In: (dies.) Einführung in die Dramenanalyse. Stuttgart, 145–176

Schulze, Gerhard (1995) Die Erlebnisgesellschaft. Kultursoziologie der Gegenwart. Frankfurt am Main u. a.

Seel, Martin (2007) Intensivierung und Distanzierung. Stichworte zur ästhetischen Bildung. In: Die Macht des Erscheinens. Frankfurt a. M., S. 123–127

Smith, Keri (2011) Wie man sich die Welt erlebt. Das KunstAlltags-Museum zum Mitnehmen. München

Stanislawski, Konstantin S. (1988) Die Arbeit des Schauspielers an sich selbst I. Tagebuch eines Schülers. Berlin

Stegemann, Bernd (Hg.) (2009) Lektionen 1: Dramaturgie. Theater der Zeit. Berlin

Steinl, Winfried (2000) Textgebundene Eigenproduktion. In: Körber-Stiftung und Bundesarbeitsgemeinschaft Darstellendes Spiel (Hg.) Theater in der Schule. Hamburg, S. 132–148

Sting, Wolfgang (2008) Anderes sehen. Interkulturelles Theater und Theaterpädagogik. In: Hoffmann, Klaus; Klose, Rainer (Hg.) Theater interkulturell. Theaterarbeit mit Kindern und Jugendlichen. Milow, S.101–109

Sting, Wolfgang; Mieruch, Gunter; Stüting, Eva Maria; Klinge, Anne Katrin (Hg.) (2012) TUSCH: Poetiken des Theatermachens. Werkbuch für Theater und Schule. München

Tabori, George (1993) Bett und Bühne. In (ders.) Betrachtungen über das Feigenblatt. Ein Handbuch für Verliebte und Verrückte. München Wien, S. 9–12

Tobler, Andreas (2014) Kontingente Evidenzen. Über Möglichkeiten des dokumentarischen Theaters. In: Nikitin, Boris; Schlewitt, Carena; Brenk, Tobias (Hg.) Dokument, Fälschung, Wirklichkeit. Materialienband zum zeitgenössischen Dokumentarischen Theater. Recherchen 110. Berlin, S. 147–181

Tscholl, Miriam (2014) Die Bürgerbühne. Beschreibung eines Modells. In: Kurzenberger, Hajo; dies. (Hg.) Die Bürgerbühne. Das Dresdner Modell. Berlin, S. 11–21

Umathum, Sandra (2015) The Art of Being Moved. Wie uns das zeitgenössische Theater in Bewegung versetzt. In: Hochholdinger-Reitner, Beate; Bremgartner, Mathias; Kleiser, Christina; Boesch, Géraldine (Hg.) Arbeitsweisen im Gegenwartstheater. Berlin, S. 15–33

Umpfenbach, Christine (2010) Hauptschule der Freiheit. Ein Stadtprojekt der Münchner Kammerspiele. In: Spiel und Theater, Heft 185, Milow, S. 2–5

Unglaub, Erich (1998) Bearbeitungen. Aneignungsformen großer literarischer Texte. In: Lippert, Elinor (Hg.) Theaterspielen. Bamberg, S. 118–137

Vaßen, Florian (2014) Gemeinsam Lernen. Theaterpädagogik und ästhetische Erfahrung. In: Primavesi, Patrick; Deck, Jan (Hg.) Stop teaching! Neue Theaterformen mit Kindern und Jugendlichen. Bielefeld, S. 139–154

Vlcek, Radim (2013) Workshop Improvisationstheater: Übungs- und Spielsammlung für Theaterarbeit, Ausdrucksfindung und Gruppendynamik (5. bis 13. Klasse). Donauwörth

Warstat, Matthias (2010) Körper im Theater. In: Schultheater, Heft 1: Körper, Seelze, S. 42–44

Wartemann, Geesche (2002) Theater der Erfahrung. Authentizität als Forderung und als Darstellungsform. Reihe Medien und Theater. Band 10. Hildesheim

Wartemann, Geesche (2005) Interaktionsraum Kindertheater. In: Roesner, David; Wortmann, Volker, dies. (Hg.) Szenische Orte, mediale Räume. Hildesheim, S. 89–107

Wartemann, Geesche (2011) Die Kunst des Zuschauens – ein Baustein zum Wechselspiel zwischen Bühne und Publikum. In: Bundeszentrale für politische Bildung (Hg.) Theater probieren, Politik entdecken. Themen- und Materialienbände. Bonn, S. 203–232

Weiss, Peter (1968) Das Material und die Modelle. Notizen zum dokumentarischen Theater. In: Theater heute. Heft 3. Velber, S. 32–34

Westphal, Kristin (Hg.) (2012) Räume der Unterbrechung. Theater, Performance, Pädagogik. Oberhausen

Wildt, Beatrice; Hentschel, Ingrid; Wildt, Johannes (Hg.) (2008) Theater in der Lehre. Verfahren, Konzepte, Vorschläge. Unter Mitarbeit von Gerd Koch. Berlin, Zürich

Willberg, Ulrike; Krüger, Hans-Michael; Lauinger, Holger (2014) Wir in der Kochstraße. In: Stiftung Niedersachsen (Hg.) Handbuch Soziokultur mit Projekten aus Niedersachsen. Heft 4: Projekte im städtischen Raum. Hannover, S. 37–48

Willenbacher, Sascha (2014) Theater machen, ohne Theater zu spielen – Aspekte postdramatischer Vermittlungspraxis an Theatern. In: Pinkert, Ute (Hg.): Theaterpädagogik am Theater. Kontexte und Konzepte. Milow 2014, S. 127–138

Willenbacher, Sascha (2016) Der geschulte Blick. Bericht aus der Begleitforschung zum Projekt JUMP & RUN. In: Schlie, Camilla; ders. (Hg.) „Eure Zwecke sind nicht unsere Zwecke." Zur Kooperationspraxis zwischen Theater und Schule im Berliner Modellprojekt JUMP & RUN. Bielefeld, S. 191–315

Ziemke, Tilman; Lipsius, Stefan (2015) Bühne und Beleuchtung. Bühne, Bühnenbau und Bühnenlicht im Schul- und Amateurtheater. Weinheim

Personen- und Sachregister

Dank

Dr. Nadine Albert, Wilhelm Fink Verlag Paderborn
Judith Blatt, Hannover
Vivica Bocks, Köln
Martine Dennewald, ehem. Leitung Festival Theaterformen
Daniela Fichte, Leibniz Universität Hannover
Ute Handwerg, Bundesarbeitsgemeinschaft Spiel und Theater e.V.
Prof. Dr. Melanie Hinz, Fräulein Wunder AG/UdK Berlin
Andreas Hartmann (†), Theater für Niedersachsen
Monika Hruschka, Heersum
Uli Jäckle, Forum für Kunst und Kultur Heersum e. V.
Susanne Kämmerer und Prof. Dr. Wilhelm Dahms, MT-Coaching
Thomas Lang, Hannover
Julian Mende, Leonore-Goldschmidt-Schule, Hannover-Mühlenberg
Prof. Dr. Florian Vaßen, Gesellschaft für Theaterpädagogik e.V.
Jun.-Prof. Dr. Wiebke Dannecker, Universität zu Köln
Fridtjof Küchmann, Frankfurter Allgemeine Zeitung
Prof. Dr. Hajo Kurzenberger, Bruchsal
Doris Post, Stadthagen
Joscha Schaback, Schott Music Verlag, Mainz
Miriam Tscholl, ehem. Leitung Bürgerbühne Dresden
Carmen Grünwald-Waack, Fräulein Wunder AG
Dr. Birte Werner, Kompetenzzentrum Kulturelle Bildung und Vermittlung Baden-Württemberg
Prof. Dr. Geesche Wartemann (†), Stiftung Universität Hildesheim
Ulrike Willberg, Agentur für Weltverbesserungsvorschläge, Hannover
Joachim Zerbst, Oldenburg

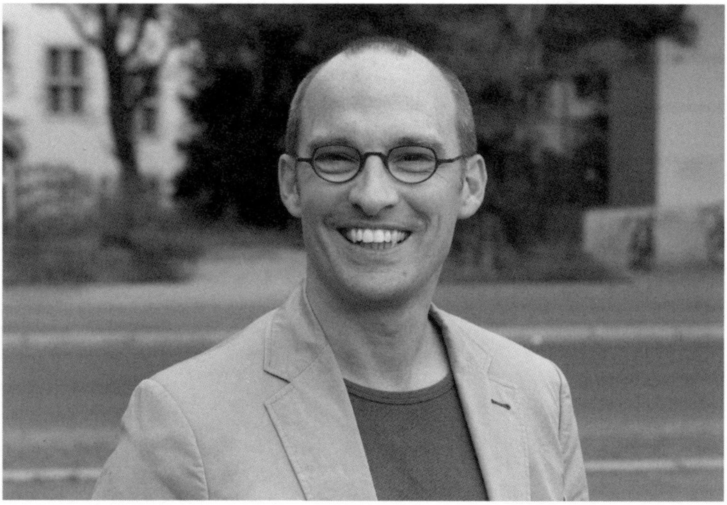

Foto: Christian Behrens

Dr. Ole Hruschka studierte Kulturwissenschaften und Ästhetische Praxis in Hildesheim und Aix-en-Provence, promovierte im DFG-Graduiertenkolleg „Authentizität als Darstellung“ über Schauspielkunst, arbeitete als Theaterkritiker für den online-Dienst der FAZ (faz.net) und war Schauspieldramaturg am Theater Kiel (2003–2007).

Seit 2009 leitet er das Studienfach Darstellendes Spiel am Deutschen Seminar der Leibniz Universität Hannover. Im Jahr 2021 wurde ihm durch die Philosophische Fakultät die Lehrbefugnis (venia legendi) für das Fachgebiet „Deutsche Literatur mit dem Schwerpunkt Theaterpädagogik“ verliehen.

Sprecher der Lenkungskommission für das Fach „Darstellendes Spiel“ im nds. Hochschulverbund, Mitarbeit am Kerncurriculum in Niedersachsen (Sek. II), Bildungsplan Theater Hamburg (Sek. I), Vorsitzender der „Gesellschaft für Theaterpädagogik Nds. e.V.“, Beirat im Vorstand des „Bundesverbands Theater in Schulen“, Jurytätigkeiten u.a. für das Festival Freier Theater „Best OFF“ der Stiftung Niedersachsen.

Mitherausgeber der Zeitschrift für Theaterpädagogik. Zahlreiche Publikationen, u. a. im Bereich Theater und Schule, Theaterpädagogik und politische Bildung. Das mit Julian Mende herausgegebene Lehrwerk für die Oberstufe „Theater – Epochen und Verfahren“ (Westermann Verlag) wurde vom Leibniz-Institut für Bildungsmedien | Georg-Eckert-Institut (GEI) als „Schulbuch des Jahres 2022“ ausgezeichnet.